LE COLLIER DE LA REINE

PAR

ALEXANDRE DUMAS.

V

PARIS
ALEXANDRE CADOT, ÉDITEUR,
32, RUE DE LA HARPE.

1849

LE COLLIER DE LA REINE.

Ouvrages de Xavier de Montépin.

Confessions d'un Bohême	5 vol.
Les Chevaliers du Lansquenet	10 vol.
Les Viveurs d'autrefois	4 vol.
Pivoine	2 vol.
Les Amours d'un Fou	4 vol.

Sous presse.

Brutus Leroy.
Les Étudiants de Paris.
Les Oiseaux de nuit.
Le Roman de la vie.
Gabriel.
Cyrano de Bergerac.

Ouvrages d'Alexandre Dumas fils.

La Dame aux camélias	2 vol.
Aventures de quatre femmes	6 vol.
Le docteur Servans	2 vol.
Le Roman d'une femme	4 vol.
Césarine	1 vol.

Sous presse.

Blanc de Lys.
Les Amours véritables.

Impr. de E. Dépée, à Sceaux (Seine).

LE
COLLIER
DE LA REINE

PAR

ALEXANDRE DUMAS.

V

PARIS
ALEXANDRE CADOT, ÉDITEUR,
52, RUE DE LA HARPE.
1849

I

MM. Bœhmer et Bossange.

Le lendemain, grâce à l'activité de Ducorneau à jeun, l'ambassade était sortie de sa léthargie. Bureaux, cartons, écritoires, air d'apparat, chevaux piaffant dans la cour, indiquaient la vie là où la veille encore on sentait l'atonie et la mort.

Le bruit se répandit vite, dans le quartier, qu'un grand personnage, chargé d'affaires, était arrivé de Portugal pendant la nuit.

Ce bruit, qui devait donner du crédit à nos trois fripons, était pour eux une source de frayeurs toujours renaissantes.

En effet, la police de M. de Crosne et celle de M. de Breteuil avaient de larges oreilles qu'elles garderaient bien de clore en pareille occurrence ; elles avaient des yeux d'Argus que certainement elles ne fermeraient pas, lorsqu'il s'agirait de messieurs les diplomates du Portugal.

Mais don Manoël fit observer à Beausire qu'avec de l'audace on empêcherait les recherches de la police d'être soupçons avant huit jours; les soupçons d'être certitudes avant quinze jours; que, par conséquent, avant dix jours, moyen terme, rien ne gênerait les allures de l'association, laquelle association, pour bien agir, devait avoir terminé ses opérations avant six jours.

L'aurore venait de poindre quand deux chaises de louage amenèrent dans l'hôtel la cargaison des neuf drôles destinés à composer le personnel de l'ambassade.

Ils furent installés bien vite, ou pour mieux dire couchés par Beausire. On en mit un à la caisse, l'autre aux archives, un troisième remplaça le Suisse, auquel Ducorneau lui-même donna son congé, sous prétexte qu'il ne savait pas le portugais. L'hôtel se trouva donc peuplé par cette garnison, qui devait en défendre les abords à tout profane.

La police est profane au plus haut degré pour ceux qui ont des secrets politiques ou autres.

Vers midi, don Manoël dit Souza s'étant habillé galamment, monta dans un carrosse fort propre que Beausire avait loué 500 livres pour un mois, en payant quinze jours d'avance.

Il partit pour la maison de MM. Bœhmer et Bossange, en compagnie de son secrétaire et de son valet de chambre.

Le chancelier reçut l'ordre d'expédier sous son couvert, et comme d'habitude, en l'absence des ambassadeurs, toutes les affaires relatives aux passeports, indemnités et secours, avec attention toutefois de ne donner des espèces ou de solder de comptes qu'avec l'agrément de M. le secrétaire.

Ces messieurs voulaient garder intacte la somme de cent mille livres, pivot fondamental de toute l'opération.

On apprit à M. l'ambassadeur que les joailliers de la couronne demeuraient sur le quai de l'École, où ils firent leur entrée vers une heure de relevée.

Le valet de chambre frappa modestement à la porte du joaillier, qui était fermée par de fortes serrures et garnie de gros clous à large tête, comme une porte de prison.

L'art avait disposé ces clous de manière à former des dessins plus ou moins agréables. Il était constaté seulement que jamais vrille, scie ou lime n'eût pu mordre un morceau du bois sans se rompre une dent sur un morceau de fer.

Un guichet treillissé s'ouvrit, et une voix demanda au valet de chambre ce qu'il désirait savoir.

— M. l'ambassadeur de Portugal veut parler à MM. Bœhmer et Bossange, répondit le valet.

Une figure apparut bien vite au premier étage, puis un pas précipité se fit entendre dans l'escalier. La porte s'ouvrit.

Don Manoël descendit de voiture avec une noble lenteur.

M. Beausire était descendu le premier pour offrir son bras à Son Excellence.

L'homme qui s'avançait avec tant d'empressement au-devant des deux Portugais était M. Bœhmer lui-même qui, en entendant s'arrêter la voiture, avait regardé par ses vitres, entendu le mot : ambassadeur, et s'était élancé pour ne pas faire attendre Son Excellence.

Le joaillier se confondit en excuses pendant que don Manoël montait l'escalier.

M. Beausire remarqua que, derrière eux, une vieille servante, vigoureuse et bien découplée, fermait verroux, serrures, dont il y avait un grand luxe à la porte de la rue.

M. Beausire ayant paru faire ces observations avec une certaine recherche, M. Bœhmer lui dit :

— Monsieur, pardonnez; nous sommes si fort exposés dans notre malheureuse profession, que nos habitudes renferment toutes une précaution quelconque.

Don Manoël était demeuré impassible;

Bœhmer le vit et lui réitéra à lui-même la phrase qui avait obtenu de Beausire un sourire agréable. Mais l'ambassadeur n'ayant pas plus sourcillé à la seconde fois qu'à la première :

— Pardonnez-moi, Monsieur l'ambassadeur, dit encore Bœhmer décontenancé.

— Son Excellence ne parle pas français, dit Beausire, et ne peut vous entendre, Monsieur ; mais je vais lui transmettre vos excuses, à moins, se hâta-t-il de dire, que vous-même, Monsieur, ne parliez le portugais.

— Non, Monsieur, non.

— Je parlerai donc pour vous?

Et Beausire baragouina quelques mots portugais à don Manoël, qui répondit dans la même langue.

— Son Excellence M. le comte de Souza, ambassadeur de Sa Majesté très fidèle, accepte gracieusement vos excuses, Monsieur, et me charge de vous demander s'il est vrai que vous ayez encore en votre possession un beau collier de diamants.

Bœhmer leva la tête et regarda Beausire en homme qui sait toiser son monde.

Beausire soutint le choc en habile diplomate.

— Un collier de diamants, dit lentement Bœhmer, un fort beau collier.

— Celui que vous avez offert à la reine de France, ajouta Beausire, et dont Sa Majesté Très-Fidèle a entendu parler.

— Monsieur, dit Bœhmer, est un officier de M. l'ambassadeur?

— Son secrétaire particulier, Monsieur.

Don Manoël s'était assis en grand seigneur, il regardait les peintures des panneaux d'une assez belle pièce qui donnait sur le quai.

Un beau soleil éclairait alors la Seine, et les premiers peupliers montraient leurs pousses d'un vert tendre au-dessus des eaux, grosses encore et jaunies par le dégel.

Don Manoël passa de l'examen des peintures à celui du paysage.

— Monsieur, dit Beausire, il me semble que vous n'avez pas entendu un mot de ce que je vous ai dit.

— Comment cela, Monsieur? répondit

Bœhmer, un peu étourdi du ton vif du personnage.

— C'est que je vois Son Excellence qui s'impatiente, Monsieur le joaillier.

— Monsieur, pardon, dit Bœhmer tout rouge, je ne dois pas montrer le collier sans être assisté de mon associé, M. Bossauge.

— Eh bien! Monsieur, faites venir votre associé.

Don Manoël se rapprocha, et de son air glacial qui comportait une certaine majesté, il commença en portugais une allocution qui fit plusieurs fois courber sous le respect la tête de Beausire.

Après quoi il tourna le dos, et reprit sa contemplation aux vitres.

— Son Excellence me dit, Monsieur, qu'il y a déjà dix minutes qu'elle attend, et qu'elle n'a pas l'habitude d'attendre nulle part, pas même chez les rois.

Bœhmer s'inclina, prit un cordon de sonnette et l'agita.

Une minute après une autre figure entra dans la chambre. C'était M. Bossange, l'associé.

Bœhmer le mit au fait avec deux mots.

Bossange donna son coup-d'œil aux deux Portugais et finit par demander à Bœhmer sa clé pour ouvrir le coffre-fort.

— Il me paraît que les honnêtes gens, pensa Beausire, prennent autant de précautions les uns contre les autres que les voleurs.

Dix minutes après M. Bossange revint, portant un écrin dans sa main gauche; sa main droite était cachée sous son habit. Beausire y vit distinctement le relief de deux pistolets.

— Nous pouvons avoir bonne mine,

dit don Manoël gravement en portugais;
mais ces marchands nous prennent plutôt pour des filous que pour des ambassadeurs.

Et en prononçant ces mots, il regarda bien les joailliers pour saisir sur leurs visages la moindre émotion dans le cas où ils comprendraient le portugais.

Rien ne parut, rien qu'un collier de diamants si merveilleusement beau, que l'éclat éblouissait.

On mit avec confiance cet écrin dans les mains de don Manoël qui soudain avec colère :

— Monsieur, dit-il à son secrétaire, dites à ces drôles qu'il abusent de la permission qu'a un marchand d'être stupide. Ils me montrent du strass quand je leur demande des diamants. Dites-leur que je me plaindrai au ministre de France, et qu'au nom de ma reine, je ferai jeter à la Bastille les impertinents qui mystifient un ambassadeur de Portugal.

— Disant ces mots, il fit voler, d'un revers de main, l'écrin sur le comptoir.

Beausire n'eut pas besoin de traduire toutes les paroles, la pantomime avait suffi.

Bœhmer et Bossange se confondirent en excuses, et dirent qu'en France on montrait des modèles de diamants, des semblants de parure, le tout pour satisfaire les honnêtes gens, mais pour ne pas allécher ou tenter les voleurs.

M. de Souza fit un geste énergique, et marcha vers la porte, aux yeux des marchands inquiets.

— Son Excellence me charge de vous dire, poursuivit Beausire, qu'il est fâcheux que des gens qui portent le titre de joailliers de la couronne de France en soient à distinguer un ambassadeur d'avec un gredin, et Son Excellence se retire à son hôtel.

MM. Bœhmer et Bossange se firent un signe et s'inclinèrent en protestant de nouveau de tout leur respect.

M. de Souza leur faillit marcher sur les pieds et sortit.

Les marchands se regardèrent, décidément inquiets et courbés jusqu'à terre.

Beausire suivit fièrement son maître.

La vieille ouvrit les serrures de la porte.

— A l'hôtel de l'ambassade, rue de la Jussienne, cria Beausire au valet de chambre.

— A l'hôtel de l'ambassade, rue de la Jussienne, cria le valet au cocher.

Bœhmer entendit à travers du guichet.

— Affaire manquée! grommela le valet.

— Affaire faite, dit Beausire; dans

une heure, ces croquants seront chez nous.

Le carrosse roula comme s'il eût été enlevé par huit chevaux.

II

A l'Ambassade.

En rentrant à l'hôtel de l'ambassade, ces messieurs trouvèrent Ducorneau qui dînait tranquillement dans son bureau.

Beausire le pria de monter chez l'ambassadeur, et lui tint ce langage :

— Vous comprenez cher chancelier,

qu'un homme tel que M. de Souza n'est pas un ambassadeur ordinaire.

— Je m'en suis aperçu, dit le chancelier.

— Son Excellence, poursuivit Beausire, veut occuper une place distinguée à Paris, parmi les riches et les gens de goût, c'est vous dire que le séjour de ce vilain hôtel, rue de la Jussienne, n'est pas supportable pour lui; en conséquence, il s'agirait de trouver une autre résidence particulière pour M. de Souza.

— Cela compliquera les relations diplomatiques, dit le chancelier; nous aurons à courir beaucoup pour les signatures.

— Et son Excellence vous donnera un carrosse cher monsieur Ducorneau, répondit Beausire.

Ducorneau faillit s'évanouir de joie.

— Un carrosse à moi! s'écria-t-il.

— Il est fâcheux que vous n'en ayez pas l'habitude, continua Beausire, un chancelier d'ambassade un peu digne doit avoir son carrosse ; mais nous parlerons de ce détail en temps et lieu. Pour le moment, rendons compte à M. l'ambassadeur de l'état des affaires étrangères ; la caisse, où est-elle ?

— Là haut, monsieur, dans l'appartement même de M. l'ambassadeur.

— Si loin de vous.

— Mesure de sûreté, monsieur; les voleurs ont plus de mal à pénétrer au premier qu'au rez-de-chaussée.

— Des voleurs, fit dédaigneusement Beausire, pour une si petite somme.

— Cent mille livres! fit Ducorneau. Peste! on voit bien que M. de Souza est riche. Il n'y a pas cent mille livres dans toutes les caisses d'ambassade.

— Voulez-vous que nous vérifiions, dit

Beausire ; j'ai hâte de me rendre à mes affaires.

— A l'instant, monsieur, à l'instant, dit Ducorneau en quittant le rez-de-chaussée.

Vérification faite, les cent mille livres apparurent en belles espèces, moitié or et moitié argent.

Ducorneau offrit sa clé, que Beausire regarda quelque temps, pour en admirer les ingénieuses guillochures et les trèfles compliqués.

Il en avait habilement pris l'empreinte avec de la cire.

Puis il la rendit au chancelier en lui disant :

— Monsieur Ducorneau, elle est mieux dans vos mains que dans les miennes ; passons chez M. l'ambassadeur.

On trouva don Manoël en tête-à-tête avec le chocolat national. Il semblait fort occupé d'un papier couvert de chiffres. A la vue de son chancelier :

— Connaissez-vous le chiffre de l'ancienne correspondance ? demanda-t-il.

— Non, Votre Excellence.

— Eh bien ! je veux que désormais

vous soyez initié, monsieur; vous me débarrasserez, de cette façon, d'une foule de détails ennuyeux; à propos, la caisse, demanda-t-il à Beausire.

— En parfait état, comme tout ce qui est du ressort de M. Ducorneau, répliqua Beausire.

— Les cent mille livres.

— Liquides, monsieur.

— Bien ; asseyez-vous, monsieur Ducorneau, vous allez me donner un renseignement.

— Aux ordres de Votre Excellence, dit le chancelier radieux.

— Voici le fait : affaire d'État, monsieur Ducorneau.

— Oh ! j'écoute, Monseigneur.

Et le digne chancelier approcha son siége.

— Affaire grave, dans laquelle j'ai besoin de vos lumières. Connaissez-vous des joailliers un peu honnêtes, à Paris ?

— Il y a MM. Bœhmer et Bossange, joailliers de la couronne, dit le chancelier.

— Précisément ce sont eux que je ne veux point employer, dit don Manoël, je les quitte pour ne jamais les revoir.

— Ils ont eu le malheur de mécontenter Votre Excellence?

— Gravement, monsieur Corno, gravement.

— Oh! si je pouvais être un peu moins réservé, si j'osais...

— Osez.

— Je demanderais en quoi ces gens qui ont de la réputation dans leur métier...

— Ce sont de véritables juifs, monsieur Corno, et leurs mauvais procédés leur font perdre comme un million ou deux.

— Oh! s'écria Ducorneau avidement.

— J'étais envoyé par S. M. Très-Fidèle pour négocier d'un collier de diamants.

— Oui, oui, le fameux collier qui avait été commandé par le feu roi pour madame Dubarry ; je sais, je sais.

— Vous êtes un homme précieux ; vous savez tout. Eh bien ! j'allais acheter ce collier ; mais puisque les choses vont ainsi, je ne l'achèterai pas.

— Faut-il que je fasse une démarche ?

— Monsieur Corno !

— Diplomatique, Monseigneur, très diplomatique.

— Ce serait bon si vous connaissiez ces gens-là.

— Bossange est mon petit cousin à la mode de Bretagne.

Don Manoël et Beausire se regardèrent.

Il se fit un silence. Les deux Portugais aiguisaient leurs réflexions.

Tout-à-coup un des valets ouvrit la porte et annonça :

— Messieurs Bœhmer et Bossange !

Don Manoël se leva soudain, et d'une voix irritée :

— Renvoyez ces gens-là, s'écria-t-il.

Le valet fit un pas pour obéir.

— Non, chassez-les vous-même, monsieur le secrétaire, reprit l'ambassadeur.

— Au nom du ciel, fit Ducorneau suppliant, laissez-moi exécuter l'ordre de Monseigneur; je l'adoucirai, puisque je ne puis l'éluder.

— Faites, si vous voulez, dit négligemment don Manoël.

Beausire se rapprocha de lui au moment où Ducorneau sortait avec précipitation.

— Ah çà, mais cette affaire est destinée à manquer, dit don Manoël.

— Non pas, Ducorneau va la raccommoder.

— Il l'embrouillera, malheureux; nous avons parlé portugais, seulement chez les joailliers. Vous avez dit que je n'entendais pas un mot de français, Ducorneau va tout gâter.

— J'y cours.

— Vous montrer, c'est peut-être dangereux, Beausire.

— Vous allez voir que non ; laissez-moi plein pouvoir.

— Pardieu !

Beausire sortit.

Ducorneau avait trouvé en bas Bœhmer et Bossange, dont la contenance, depuis leur entrée à l'ambassade, était toute modifiée dans le sens de la politesse, sinon dans celui de la confiance.

Ils comptaient peu sur la vue d'un visage de connaissance, et se faufilaient avec raideur dans les premiers cabinets.

En apercevant Ducorneau, Bossange

poussa un cri de joyeuse surprise.

— Vous ici! dit-il.

Et il s'approcha pour l'embrasser.

— Ah! ah! vous êtes bien aimable, dit Ducorneau, vous me reconnaissez ici, mon cousin le richard. Est-ce parce que je suis à une ambassade?

— Ma foi! oui, dit Bossange, si nous avons été séparés un peu, pardonnez-le moi, et rendez-moi un service.

— Je venais pour cela.

— Oh! merci. Vous êtes donc attaché à l'ambassade?

— Mais oui.

— Un renseignement.

— Lequel, et sur quoi?

— Sur l'ambassade même.

— J'en suis le chancelier.

— Oh! à merveille. Nous voulons parler à l'ambassadeur.

— Je viens de sa part.

— De sa part! pour nous dire?...

— Qu'il vous prie de sortir bien vite de son hôtel, et bien vite, messieurs.

Les deux joailliers se regardèrent penauds.

— Parce que, dit Ducorneau avec importance, vous avez été maladroits et malhonnêtes, à ce qu'il paraît.

— Écoutez-nous donc.

— C'est inutile, dit tout-à-coup la voix de Beausire qui apparut fier et froid au seuil de la chambre. Monsieur Ducorneau, Son Excellence vous a dit de congédier ces messieurs. Congédiez-les.

— Monsieur le secrétaire...

— Obéissez, dit Beausire avec dédain. Faites.

Et il passa.

Le chancelier prit son parent par l'épaule droite, l'associé du parent par l'épaule gauche, et les poussa doucement dehors.

— Voilà, dit-il, c'est une affaire manquée.

— Que ces étrangers sont donc susceptibles, mon Dieu! murmura Bœhmer, qui était un Allemand.

— Quand on s'appelle Souza, et qu'on a neuf cent mille livres de revenu, mon cher cousin, dit le chancelier, on a le droit d'être ce qu'on veut.

— Ah! soupira Bossange, je vous ai bien dit, Bœhmer, que vous êtes trop raide en affaires.

— Eh! répliqua l'entêté Allemand, si nous n'avons pas son argent, il n'aura pas notre collier.

On approchait de la porte de la rue.

Ducorneau se mit à rire.

— Savez-vous bien ce que c'est qu'un Portugais? dit-il dédaigneusement; savez-vous ce que c'est qu'un ambassadeur, — bourgeois que vous êtes? — Non. Eh bien, je vais vous le dire. Un ambassadeur favori d'une reine, M. Potemkin, achetait tous les ans, au 1ᵉʳ janvier, pour la reine, un panier de cerises qui coûtait cent mille écus, mille livres la cerise ; c'est joli, n'est-ce pas ? Eh bien ! M. de Souza achètera les mines du Brésil pour trouver dans les filons un diamant gros comme tous les vôtres. Cela lui coûtera vingt années de son revenu, vingt millions ; mais que lui importe, il n'a pas d'enfants, — voilà.

Et il leur fermait la porte, quand Bossange, se ravisant :

— Raccommodez cela, dit-il, et vous aurez...

— Ici, l'on est incorruptible, répliqua Ducorneau.

Et il ferma la porte.

Le soir même, l'ambassadeur reçut la lettre suivante :

« Monseigneur,

« Un homme qui attend vos ordres et
« désire vous présenter les respec-
« tueuses excuses de vos humbles servi-
« teurs, est à la porte de votre hôtel, sur
« un signe de Votre Excellence, il dépo-
« sera dans les mains d'un de vos gens
« le collier qui avait eu le bonheur d'at-
« tirer votre attention.

« Daignez recevoir, Monseigneur, l'as-
« surance du profond respect, etc., etc.

« BOEHMER et BOSSANGE. »

— Eh bien! mais, dit don Manoël en lisant cette épître, le collier est à nous.

— Non pas, non pas, dit Beausire, il ne sera à nous que quand nous l'aurons acheté; achetons-le!

— Comment?

— Votre Excellence ne sait pas le français, c'est convenu; et tout d'abord, débarrassons-nous de M. le chancelier.

— Comment?

— De la façon la plus simple : il s'agit de lui donner une mission diplomatique importante ; je m'en charge.

— Vous avez tort, dit Manoël, il sera ici notre caution.

— Il dira que vous parlez français comme M. Bossange et moi.

— Il ne le dira pas, je l'en prierai.

— Soit, qu'il reste, faites entrer l'homme aux diamants.

L'homme fut introduit ; c'était Bœhmer en personne, Bœhmer, qui fit les plus profondes gentillesses et les excuses les plus soumises,

Après quoi il offrit ses diamants, et fit mine de les laisser pour être examinés.

Don Manoël le retint.

— Assez d'épreuves comme cela, dit Beausire, vous êtes un marchand défiant; vous devez être honnête. Asseyez-vous ici et causons, puisque M. l'ambassadeur vous pardonne.

— Ouf! que l'on a du mal à vendre, soupira Bœhmer.

— Que de mal on se donne pour voler, pensa Beausire.

III

Le marché.

Alors M. l'ambassadeur consentit à examiner le collier en détail.

M. Bœhmer en montra curieusement chaque pièce, et en fit ressortir chaque beauté.

— Sur l'ensemble de ces pierres, dit

Beausire, à qui don Manoël venait de parler en portugais, M. l'ambassadeur ne voit rien à dire ; l'ensemble est satisfaisant.

Quant aux diamants en eux-mêmes, ce n'est pas la même chose ; Son Excellence en a compté dix un peu piqués, un peux tachés.

— Oh ! fit Bœhmer.

— Son Excellence, interrompit Beausire, se connaît mieux que vous en diamants : les nobles portugais jouent avec les diamants au Brésil, comme ici les enfants avec du verre.

Don Manoël, en effet, posa le doigt sur plusieurs diamants l'un après l'autre, et fit remarquer avec une admirable perspicacité les défauts imperceptibles que peut-être un connaisseur n'eût pas relevés dans les diamants.

— Tel qu'il est cependant, ce collier, dit Bœhmer un peu surpris de voir un si grand seigneur aussi fin joaillier, tel qu'il est, ce collier est la plus belle réunion de diamants qu'il y ait en ce moment dans toute l'Europe.

— C'est vrai, répliqua don Manoël, et sur un signe Beausire ajouta :

— Eh bien, monsieur Bœhmer, voici le fait : S. M. la reine de Portugal a entendu parler du collier; elle a chargé Son Excellence de négocier l'affaire après avoir vu les diamants. Les diamants conviennent à Son Excellence; combien voulez-vous vendre ce collier ?

— Seize cent mille livres, dit Bœhmer.

Beausire répéta le chiffre à son ambassadeur.

— C'est cent mille livres trop cher, répliqua don Manoël.

— Monseigneur, dit le joaillier, on ne peut évaluer les bénéfices au juste sur un objet de cette importance; il a fallu, pour composer une parure de ce mérite, des recherches et des voyages qui effraieraient si on les connaissait comme moi.

— Cent mille livres trop cher, repartit le tenace Portugais.

— Et pour que Monseigneur vous dise cela, dit Beausire, il faut que ce soit chez lui une conviction, car Son Excellence ne marchande jamais.

Bœhmer parut un peu ébranlé. Rien ne rassure les marchands soupçonneux comme un acheteur qui marchande.

— Je ne saurais, dit-il, après un moment d'hésitation, souscrire une diminution qui fait la différence du gain ou de la perte entre mon associé et moi.

Don Manoël écouta la traduction de Beausire et se leva.

Beausire ferma l'écrin et le remit à Bœhmer.

— J'en parlerai toujours à M. Bossange, dit ce dernier; Votre Excellence y consent-elle?

— Qu'est-ce à dire? demanda Beausire.

— Je veux dire que M. l'ambassadeur

semble avoir offert quinze cent mille livres du collier.

— Oui.

— Son Excellence maintient-elle son prix?

— Son Excellence ne recule jamais devant ce qu'elle a dit, répliqua portugaisement Beausire, mais Son Excellence ne recule pas toujours devant l'ennui de marchander ou d'être marchandé.

—Monsieur le secrétaire, ne concevez-vous pas que je doive causer avec mon associé?

— Oh! parfaitement, monsieur Bœhmer.

— Parfaitement, répondit en portugais don Manoël, à qui la phrase de Bœhmer était parvenue, mais à moi aussi une solution prompte est nécessaire.

— Eh bien! Monseigneur, si mon associé accepte la diminution, moi j'accepte d'avance.

— Bien.

— Le prix est donc dès à présent de quinze cent mille livres.

— Soit.

— Il ne reste plus, dit Bœhmer, sauf toutefois la ratification de M. Bossange...

— Toujours, oui.

— Il ne reste plus que le mode du paiement.

— Vous n'aurez pas à cet égard la moindre difficulté, dit Beausire. Comment voulez-vous être payé?

— Mais, dit Bœhmer en riant, si le comptant est possible.

— Qu'appelez-vous le comptant? dit Beausire froidement.

— Oh! je sais bien que nul n'a un

million et-demi en espèces à donner! s'écria Bœhmer en soupirant.

— Et d'ailleurs, vous en seriez embarrassé vous-même, monsieur Bœhmer.

— Cependant, monsieur le secrétaire, je ne consentirai jamais à me passer d'argent comptant.

— C'est trop juste.

Et il se tourna vers don Manoël.

— Combien Votre Excellence donnerait-elle comptant à M. Bœhmer?

— Cent mille livres, dit le Portugais.

— Cent mille livres, dit Beausire à Bœhmer, en signant le marché.

— Mais le reste? dit Bœhmer.

— Le temps qu'il faut à une traite de Monseigneur pour aller de Paris à Lisbonne, à moins que vous ne préfériez attendre l'avertissement envoyé de Lisbonne à Paris.

— Oh! dit Bœhmer, nous avons un correspondant à Lisbonne; en lui écrivant...

— C'est cela, dit Beausire en riant ironiquement, écrivez-lui; demandez-lui si M. de Souza est solvable, et si Sa Majesté la reine est bonne pour quatorze cent mille livres.

— Monsieur... dit Bœhmer confus.

— Acceptez-vous, ou bien préférez-vous d'autres conditions ?

— Celles que monsieur le secrétaire a bien voulu me poser en premier lieu me paraissent acceptables. Y aurait-il des termes aux paiements.

— Il y aurait trois termes, monsieur Bœhmer, chacun de cinq cent mille livres, et ce serait pour vous l'affaire d'un voyage intéressant.

— D'un voyage à Lisbonne ?

— Pourquoi pas?... Toucher un million et demi en trois mois, cela vaut-il qu'on se dérange?

— Oh! sans doute, mais...

— D'ailleurs, vous voyagerez aux frais de l'ambassade, et moi ou M. le chancelier nous vous accompagnerons.

— Je porterai les diamants?

— Sans nul doute, à moins que vous ne préféziez envoyer d'ici les traites, et laisser les diamants aller seuls en Portugal.

— Je ne sais... je... crois... que... le voyage serait utile, et que...

— C'est aussi mon avis, dit Beausire. On signerait ici. Vous recevriez vos cent mille livres comptant. Vous signeriez la vente, et vous porteriez vos diamants à Sa Majesté. — Quel est votre correspondant.

MM. Nunez Balboa et frères.

Don Manoël leva la tête.

— Ce sont mes banquiers, dit-il en souriant.

— Ce sont les banquiers de son Excellence, dit Beausire en souriant aussi.

Bœhmer parut radieux; son aspect

n'avait pas conservé un nuage; il s'inclina comme pour remercier et prendre congé.

Soudain une réflexion le ramena.

— Qu'y a-t-il? demanda Beausire inquiet.

— C'est parole donnée? fit Bœhmer.

— Oui, donnée.

— Sauf...

— Sauf la ratification de M. Bossange, nous l'avons dit.

— Sauf un autre cas, ajouta Bœhmer.

— Ah! ah!

— Monsieur, cela est tout délicat, et l'honneur du nom portugais est un sentiment trop puissant pour que Son Excellence ne comprenne pas ma pensée.

— Que de détours! Au fait!

— Voici le fait. Le collier a été offert à Sa Majesté la Reine de France.

— Qui l'a refusé. Après.

— Nous ne pouvons, monsieur, laisser sortir de France à tout jamais ce collier sans en prévenir la Reine, et le respect, la loyauté même exigent que nous donnions la préférence à Sa Majesté la Reine.

— C'est juste, dit don Manoël avec dignité. Je voudrais qu'un marchand portugais tînt le même langage que M. Bœhmer.

— Je suis bien heureux et bien fier de l'assentiment que Son excellence a daigné m'accorder. Voilà donc les deux cas prévus : ratifications des conditions par Bossange, deuxième et définitif refus de Sa Majesté la Reine de France. Je vous demande pour cela trois jours.

— De notre côté, dit Beausire, cent

mille livres comptant, trois traites de cinq cent mille livres mises dans vos mains. La boîte de diamants remise à M. le chancelier de l'ambassade ou à moi disposé à vous accompagner à Lisbonne, chez MM. Nunez Balboa frères. Paiement intégral en trois mois. Frais de voyage nuls.

— Oui monseigneur, oui monsieur, dit Bœhmer, en faisant la révérence.

— Ah ! dit don Manoël en portugais.

— Quoi donc ? fit Bœhmer, inquiet à son tour et revenant.

— Pour épingles, dit l'ambassadeur,

une bague de mille pistoles, pour mon secrétaire, ou pour mon chancelier, pour votre compagnon, enfin, monsieur le joailler.

— C'est trop juste, monseigneur, murmura Bœhmer, et j'avais déjà fait cette dépense dans mon esprit.

Don Manoël congédia le joaillier avec un geste de grand seigneur.

Les deux associés demeurèrent seuls.

— Veuillez m'expliquer, dit don Manoël avec une certaine animation à Beausire, quelle diable d'idée avez-vous eue de ne pas faire remettre ici les diamants?

Un voyage en Portugal, êtes-vous fou? Ne pouvait-on donner à ces bijoutiers leur argent et prendre leurs diamants en échange?

— Vous prenez trop au sérieux votre rôle d'ambassadeur, répliqua Beausire. Vous n'êtes pas encore tout-à-fait M. de Souza pour M. Bœhmer.

— Allons donc, eût-il traité s'il eût eu des soupçons.

— Tant qu'il vous plaira. Il n'eût pas traité, c'est possible, mais tout homme qui possède quinze cent mille livres se croit au-dessus de tous les rois et de tous les ambassadeurs du monde. Tout homme qui troque quinze cent mille livres contre des morceaux de papier, veut savoir si ces papiers valent quelque chose.

— Alors vous allez en Portugal ! Vous qui ne savez pas le portugais... Je vous dis que vous êtes fou.

— Point du tout. Vous irez vous-même.

— Oh ! non pas, s'écria don Manoël, retourner en Portugal, moi, j'ai de trop fameuses raisons. Non ! non !

— Je vous déclare que Bœhmer n'eût

jamais donné ses diamants contre papiers.

— Papiers signés Souza !

— Quand je dis qu'il se prend pour un Souza ! s'écria Beausire en frappant ses mains.

— J'aime mieux entendre dire que l'affaire est manquée, répéta don Manoël.

— Pas le moins du monde. Venez ici, monsieur le commandeur, dit Beausire au valet de chambre qui apparaissait sur le seuil. Vous savez de quoi il s'agit, n'est-ce pas ?

— Oui.

— Vous m'écoutiez ?

— Certes.

— Très-bien. Êtes-vous d'avis que j'ai fait une sottise.

— Je suis d'avis que vous avez cent mille fois raison.

— Dites pourquoi ?

— Le voici. M. Bœhmer n'aurait jamais cessé de faire surveiller l'hôtel de l'ambassade et l'ambassadeur.

— Eh bien ? dit don Manoël.

— Eh bien! ayant son argent à la main, son argent à ses côtés, M. Bœhmer ne conservera aucun soupçon, il partira tranquillement pour le Portugal.

— Nous n'irons pas jusque-là, monsieur l'ambassadeur, dit le valet de chambre, n'est-ce pas monsieur le chevalier de Beausire?

— Allons donc, voilà un garçon d'esprit, dit l'amant d'Oliva.

— Dites, dites votre plan, répondit don Manoël assez froid.

— A cinquante lieues de Paris, dit Beausire, ce garçon d'esprit, avec un

masque sur le visage, viendra montrer
un ou deux pistolets à notre postillon; il
nous volera nos traites, nos diamants,
rouera de coups M. Bœhmer, et le tour
sera fait.

— Je ne comprenais pas cela, dit le
valet de chambre. Je voyais M. Beausire
et M. Bœhmer s'embarquant à Bayonne
pour le Portugal.

— Très-bien.

— M. Bœhmer, comme tous les Allemands, aime la mer et se promène sur le
pont. Un jour de roulis il se penche et
tombe. L'écrin est censé tomber avec

lui, voilà. Pourquoi la mer ne garderait-elle pas quinze cent mille livres de diamants, elle qui a bien gardé les galions des Indes.

— Ah! oui, je comprends, dit le Portugais.

— C'est heureux, grommela Beausire.

—Seulement, reprit don Manoël, pour avoir subtilisé les diamants on est mis à la Bastille, pour avoir fait regarder la mer à M. le joaillier on est pendu.

—Pour avoir volé les diamants, on est pris, dit le commandeur; pour avoir noyé cet homme, on ne peut être soupçonné une minute:

— Nous verrons d'ailleurs quand nous en serons là, répliqua Beausire. Maintenant à nos rôles. Faisons aller l'ambassade comme des Portugais modèles, afin qu'on dise de nous : S'ils n'étaient pas de vrais ambassadeurs, ils en avaient la mine. C'est toujours flatteur. Attendons les trois jours.

IV

La maison du gazetier.

C'était le lendemain du jour où les Portugais avaient fait affaire avec Bœhmer, et trois jours après le bal de l'Opéra, auquel nous avons vu assister quelques-uns des principaux personnages de cette histoire.

Dans la rue Montorgueil, au fond d'une cour fermée par une grille, s'élevait une petite maison longue et mince, défendue du bruit de la rue par des contrevents qui rappelaient la vie de province.

Au fond de cette cour, le rez-de-chaussée, qu'il fallait aller chercher en sondant les différents gués de deux ou trois trous punais, offrait une espèce de boutique à demi ouverte à ceux qui avaient franchi l'obstacle de la grille et l'espace de la cour.

C'était la maison d'un journaliste assez renommé, d'un gazetier, comme on disait alors. Le rédacteur habitait le premier étage. Le rez-de-chaussée servait à empiler les livraisons de la gazette, étiquetées par numéros. Les deux autres étages appartenaient à des gens tranquilles, qui payaient bon marché le désagrément d'assister plusieurs fois l'an à des scènes bruyantes faites au gazetier par des agents de police, des particuliers offensés, ou des acteurs traités comme des Ilotes.

Ces jours-là, les locataires de la maison de *la Grille,* on l'appelait ainsi dans le quartier, fermaient leurs croisées sur le devant, afin de mieux entendre les abois du gazetier, qui, poursuivi, se réfugiait ordinairement dans la rue des Vieux-Augustins par une sortie de plain-pied avec sa chambre.

Une porte dérobée s'ouvrait, se refermait ; le bruit cessait ; l'homme menacé avait disparu ; les assaillants se trouvaient seuls en face de quatre fusilliers des gardes françaises, qu'une vieille servante était allée vite requérir au poste de la Halle.

Il arrivait bien de çà et de là que les assaillants ne trouvant personne sur qui décharger leur colère, s'en prenaient aux paperasses mouillées du rez-de-chaussée, et lacéraient, trépignaient ou brûlaient, si par malheur il y avait du feu dans les environs, une certaine quantité des papiers coupables.

Mais qu'est-ce qu'un morceau de gazette pour une vengeance qui demandait des morceaux de peau du gazetier?

A ces scènes près, la tranquillité de la maison de la Grille était proverbiale.

M. Réteau sortait le matin, faisait sa ronde sur les quais, les places et les boulevards. Il trouvait les ridicules, les vices, les annotait, les crayonnait au vif, et les couchait tout portraiturés dans son plus prochain numéro.

Le journal était hebdomadaire.

C'est-à-dire que, pendant quatre jours, le sieur Reteau chassait l'article, le faisait imprimer pendant les trois autres jours, et menait du bon temps le jour de la publication du numéro.

La feuille venait de paraître, le jour dont nous parlons, soixante-douze heures après le bal de l'Opéra, où Mademoiselle Oliva avait pris tant de plaisir au bras d'un domino bleu.

M. Reteau, en se levant à huit heures, reçut de sa vieille servante le numéro du jour, encore humide et puant sous sa robe gris-rouge.

Il s'empressa de lire ce numéro avec le soin qu'un tendre père met à passer en revue les qualités ou les défauts de son fils chéri.

Puis quand il eut fini :

— Aldegonde, dit-il à la vieille, voilà un joli numéro, l'as-tu lu?

— Pas encore; ma soupe n'est pas finie, dit la vieille.

— Je suis content de ce numéro, dit le gazetier en élevant sur son maigre lit, ses bras encore plus maigres.

— Oui, répliqua Aldegonde; mais savez-vous ce qu'on en dit à l'imprimerie ?

— Que dit-on ?

— On dit que certainement vous n'échapperez pas cette fois à la Bastille.

Reteau se mit sur son séant, et d'une voix calme :

— Aldegonde, Aldegonde, dit-il, fais-moi une bonne soupe et ne te mêle pas de littérature.

— Oh! toujours le même, répliqua la vieille ; téméraire comme un moineau franc.

— Je t'achèterai des boucles avec le

numéro d'aujourd'hui, fit le gazetier, roulé dans son drap d'une blancheur équivoque. Est-on venu déjà acheter beaucoup d'exemplaires?

— Pas encore, et mes boucles ne seront pas bien reluisantes, si cela continue. Vous rappelez-vous le bon numéro contre M. de Broglie : il n'était pas dix heures qu'on avait déjà vendu cent numéros.

— Et j'avais passé trois fois rue des Vieux-Augustins, dit Reteau ; chaque bruit me donnait la fièvre ; ces militaires sont brutaux.

— J'en conclus, poursuivit Aldegonde, tenace, que ce numéro d'aujourd'hui ne vaudra pas celui de M. de Broglie.

— Soit, dit Reteau; mais je n'aurai pas tant à courir et je mangerai tranquillement ma soupe. Sais-tu pourquoi, Aldegonde ?

— Ma foi, non, monsieur.

— C'est qu'au lieu d'attaquer un homme, j'attaque un corps; au lieu d'attaquer un militaire, j'attaque une reine.

— La Reine ! Dieu soit loué, murmura la vieille ; alors ne craignez rien, si vous attaquez la Reine, vous serez porté en triomphe, et nous allons vendre des numéros et j'aurai mes boucles.

— On sonne, dit Reteau, rentré dans son lit.

La vieille courut à la boutique pour recevoir la visite.

Un moment après elle remontait enluminée, triomphante.

— Mille exemplaires, disait-elle, mille d'un coup : voilà une commande.

— A quel nom? dit vivement Reteau.

— Je ne sais.

— Il faut le savoir, cours vite.

Oh ! nous avons le temps ; ce n'est pas peu de chose que de compter, de ficeler et de charger mille numéros.

— Cours vite, te dis-je, et demande au valet... Est-ce un valet ?

— C'est un commissionnaire, un Auvergnat avec ses crochets.

— Bon ! questionne, demande-lui où il va porter ces numéros.

Aldegonde fit diligence; ses grosses jambes firent gémir l'escalier de bois criard, et sa voix, qui interrogeait, ne cessa de résonner à travers les planches.

— Le commissionnaire répliqua qu'il portait ces numéros rue Neuve-Saint-Gilles, au Marais, chez le comte de Cagliostro.

Le gazetier fit un bond de joie, qui faillit défoncer sa couchette. Il se leva, vint lui-même activer la livraison confiée aux soins d'un seul commis, sorte d'ombre famélique plus diaphane que les feuilles imprimées. Les mille exemplaires furent chargés sur les crochets de l'Auvergnat, lequel disparut par la grille, courbé sous le poids.

Le sieur Reteau se disposait à noter

pour le prochain numéro le succès de celui-ci, et à consacrer quelques lignes au généreux seigneur, qui voulait bien prendre mille numéros d'un pamphlet prétendu politique. M. Reteau, disons-nous, se félicitait d'avoir fait une si heureuse connaissance, lorsqu'un nouveau coup de sonnette retentit dans la cour.

— Encore mille exemplaires, fit Aldegonde alléchée par le premier succès. Ah! monsieur, ce n'est pas étonnant; dès qu'il s'agit de l'Autrichienne tout le monde va faire chorus.

— Silence! silence! Aldegonde; ne parle pas si haut. L'Autrichienne, c'est une injure qui me vaudrait la Bastille, que tu m'as prédite.

— Eh bien! quoi, dit aigrement la vieille, est-elle, oui ou non, l'Autrichienne?

— C'est un mot que nous autres journalistes nous mettons en circulation, mais qu'il ne faut pas prodiguer.

Nouveau coup de sonnette.

— Va voir, Aldegonde, je ne crois pas que ce soit pour acheter des numéros.

— Qui vous fait croire cela? dit la vieille en descendant.

— Je ne sais, il me semble que je vois un homme de figure lugubre à la grille.

Aldegonde descendait toujours pour ouvrir.

M. Reteau regardait, lui, avec une attention que l'on comprendra depuis que nous avons fait la description du personnage et de son officine.

Aldegonde ouvrit, en effet, à un homme vêtu simplement, qui s'informa si l'on trouverait chez lui le rédacteur de la gazette.

— Qu'avez-vous à lui dire? demanda Aldegonde, un peu défiante.

Et elle entrebâillait à peine la porte, prête à la repousser à la première apparence de danger.

L'homme fit sonner des écus dans sa poche.

Ce son métallique dilata le cœur de la vieille.

— Je viens, dit-il, payer les mille exemplaires de la *Gazette* d'aujourd'hui, qu'on est venu prendre au nom de M. le comte de Cagliostro.

— Ah! si c'est ainsi, entrez.

L'homme franchit la grille; mais il ne

l'avait pas refermée, que derrière lui un autre visiteur jeune, grand et de belle mine, retint cette grille en disant :

— Pardon, monsieur.

Et sans demander autrement la permission, il se glissa derrière le payeur envoyé par le comte de Cagliostro.

Aldegonde, tout entière au gain, fascinée par le son des écus, arrivait au maître.

— Allons, allons, dit-elle, tout va bien, voici les cinq cents livres du monsieur aux mille exemplaires.

— Recevons-les noblement, dit Reteau en parodiant Larive dans sa plus récente création.

Et il se drapa dans une robe de chambre assez belle, qu'il tenait de la munificence ou plutôt de la terreur de madame Dugazon, à laquelle depuis son aventure avec l'écuyer Astley, le gazetier soutirait bon nombre de cadeaux en tous genres.

Le payeur du comte de Cagliostro se présenta, étala un petit sac d'écus de six livres, en compta jusqu'à cent qu'il empila en douze tas.

Reteau comptait scrupuleusement, et regardait si les pièces n'étaient pas rognées.

Enfin, ayant trouvé son compte, il remercia, donna quittance, et congédia, par un sourire agréable, le payeur auquel il demanda malicieusement des nouvelles de M. le comte de Cagliostro.

L'homme aux écus remercia, comme d'un compliment tout naturel, et se retira.

— Dites à M. le comte que je l'attends à son premier souhait, dit-il, et ajoutez qu'il soit tranquille ; je sais garder un secret.

— C'est inutile, répliqua le payeur, M. le comte de Cagliostro est indépendant, il ne croit pas au magnétisme ; il veut que l'on rie de M. Mesmer, et propage l'aventure du Baquet pour ses menus plaisirs.

— Bien, murmura une voix sur le seuil de la porte, nous tâcherons que l'on rie aussi aux dépens de M. le comte de Cagliostro.

Et M. Reteau vit apparaître dans sa chambre un personnage qui lui parut bien autrement lugubre que le premier.

C'était, comme nous l'avons dit, un homme jeune et vigoureux; mais Reteau ne partagea point l'opinion que nous avons émise sur sa bonne mine.

Il lui trouva l'œil menaçant et la tournure menaçante.

En effet, il avait la main gauche sur le pommeau d'une épée, et la main droite sur la pomme d'une canne.

— Qu'y a-t-il pour votre service, monsieur? demanda Reteau avec une sorte de tremblement qui lui prenait à chaque occasion un peu difficile.

Il en résulte que, comme les occasions difficiles n'étaient pas rares, Reteau tremblait souvent.

— M. Reteau? demanda l'inconnu.

— C'est moi.

— Qui se dit de Villette ?

— C'est moi, monsieur.

— Gazetier ?

— C'est bien moi toujours.

— Auteur de l'article que voici ? dit froidement l'inconnu en tirant de sa poche un numéro frais encore de la gazette du jour.

— J'en suis effectivement, non pas l'auteur, dit Reteau, mais le publicateur.

— Très bien ; cela revient exactement au même ; car si vous n'avez pas eu le courage d'écrire l'article, vous avez eu la lâcheté de le laisser paraître.

Je dis lâcheté, riposta l'inconnu froidement, parce qu'étant gentilhomme, je tiens à mesurer mes termes, même dans ce bouge. Mais il ne faut pas prendre ce que je dis à la lettre, car ce que je dis n'exprime pas ma pensée. Si j'exprimais ma pensée, je dirais : Celui qui a écrit l'article est un infâme! celui qui l'a publié est un misérable!

— Monsieur, dit Reteau, devenant fort pâle.

— Ah! dam, voilà une mauvaise affaire, c'est vrai, continua le jeune homme, s'animant au fur et à mesure qu'il parlait. Mais écoutez donc, monsieur le folliculaire, chaque chose a son tour ; tout à l'heure, vous avez reçu les écus, maintenant vous allez recevoir les coups de bâton.

— Oh! s'écria Reteau, nous allons voir.

— Et qu'allons-nous voir? fit d'un ton bref et tout militaire le jeune homme, qui, en prononçant ces mots, s'avança vers son adversaire.

Mais celui-ci n'en était pas à la première affaire de ce genre; il connaissait les détours de sa propre maison; il n'eut qu'à se retourner pour trouver une porte, la franchir, en repousser le battant, s'en servir comme d'un bouclier, et gagner de là une chambre adjacente qui aboutissait à la fameuse porte de dégagement donnant sur la rue des Vieux-Augustins.

Une fois là, il était en sûreté : il y trouvait une autre petite grille qu'en un tour de clé, — et la clé était toujours prête, — il ouvrait en se sauvant à toutes jambes.

Mais ce jour là était un jour néfaste pour ce pauvre gazetier, car au moment où il mettait la main sur cette clé, il aperçut par la claire voie, un autre homme qui, grandi sans doute par l'agitation du sang, lui parut un Hercule, et qui, immobile, menaçant, semblait attendre comme jadis le dragon d'Hesperus attendait les mangeurs de pommes d'or.

Reteau eût bien voulu revenir sur ses pas, mais le jeune homme à la canne, celui qui le premier s'était présenté à ses yeux, avait enfoncé la porte d'un coup de pied, l'avait suivi, et maintenant qu'il était arrêté par la vue de cette autre sentinelle, armée aussi d'une épée et d'une canne, il n'avait qu'une main à étendre pour le saisir.

Reteau se trouvait pris entre deux feux, ou plutôt entre deux cannes, dans une espèce de petite cour obscure, perdue, sourde, située entre les dernières chambres de l'appartement et la bienheureuse grille qui donnait sur la rue des Vieux-Augustins, c'est-à-dire, si le passage eût été libre sur le salut et la liberté.

— Monsieur, laissez-moi passer, je vous prie, dit Reteau au jeune homme qui gardait la grille.

—Monsieur, s'écria le jeune homme

qui poursuivait Reteau, Monsieur, arrêtez ce misérable.

— Soyez tranquille, monsieur de Charny, il ne passera pas, dit le jeune homme de la grille.

— Monsieur de Taverney, vous! s'écria Charny, car c'était lui en effet qui s'était présenté le premier chez Reteau à la suite du payeur, et par la rue Montorgueil.

Tous deux, en lisant la gazette, le matin, avaient eu la même idée, parce qu'ils avaient dans le cœur le même sentiment, et, sans se le communiquer le moins du monde l'un à l'autre, ils avaient mis cette idée à exécution.

C'était de se rendre chez le gazetier, de lui demander satisfaction et de le bâtonner s'il ne la leur donnait pas.

Seulement chacun d'eux en apercevant l'autre éprouva un mouvement de mauvaise humeur; chacun devinait un rival dans l'homme qui avait éprouvé la même sensation que lui.

Aussi ce fut avec un accent assez maussade que M. de Charny prononça ces quatre mots :

— Monsieur de Taverney, vous!

— Moi-même, répondit Philippe avec le même accent dans la voix, en faisant de son côté un mouvement vers le gazetier suppliant, qui passait ses deux bras par la grille; moi-même; mais il paraît que je suis arrivé trop tard. Eh bien! je ne ferai qu'assister à la fête, à moins que vous n'ayez la bonté de m'ouvrir la porte.

— La fête, murmura le gazetier épouvanté, la fête, que dites-vous donc là? allez-vous m'égorger, messieurs?

— Oh! dit Charny, le mot est fort. Non, Monsieur, nous ne vous égorgerons pas, mais nous vous interrogerons d'abord, ensuite nous verrons. Vous per mettez que j'en use à ma guise avec cet homme, n'est-ce pas, monsieur de Taverney?

— Assurément, Monsieur, répondit Philippe, vous avez le pas, étant arrivé le premier.

— Ça, collez-vous au mur, et ne bougez, dit Charny, en remerciant du geste Taverney. Vous avouez donc, mon cher monsieur, avoir écrit et publié contre la reine le conte badin, vous l'appelez ainsi, qui a paru ce matin dans votre gazette?

— Monsieur, ce n'est pas contre la reine.

— Ah! bon, il ne manquait plus que cela.

— Ah! vous êtes bien patient, Monsieur, dit Philippe, rageant de l'autre côté de la grille.

— Soyez tranquille, répondit Charny ; le drôle ne perdra pas pour attendre.

— Oui, murmura Philippe ; mais c'est que moi aussi, j'attends.

Charny ne répondit pas, à Taverney, du moins.

Mais se retournant vers le malheureux Reteau :

— *Etteniotna,* c'est Antoinette retournée... Oh! ne mentez pas, Monsieur... Ce serait si plat et si vil, qu'au lieu de vous battre ou de vous tuer proprement, je vous écorcherais tout vif. Répondez donc, et catégoriquement. Je vous demandais si vous étiez le seul auteur de ce pamphlet?

— Je ne suis pas un délateur, répliqua Reteau en se redressant.

— Très bien! cela veut dire qu'il y a un complice; d'abord, cet homme qui vous a fait acheter mille exemplaires de cette diatribe, le comte de Cagliostro, comme vous disiez tout à l'heure, soit!

le comte paiera pour lui, lorsque vous aurez payé pour vous.

— Monsieur, Monsieur, je ne l'accuse pas, hurla le gazetier, redoutant de se trouver pris entre les deux colères de ces deux hommes, sans compter celle de Philippe qui pâlissait de l'autre côté de la grille.

— Mais, continua Charny, comme je vous tiens le premier, vous paierez le premier.

Et il leva sa canne.

— Monsieur, si j'avais une épée, hurla le gazetier.

Charny baissa sa canne.

— Monsieur Philippe, dit-il, prêtez votre épée à ce coquin, je vous prie.

— Oh! point de cela, je ne prête point une épée honnête à ce drôle; voici ma canne, si vous n'avez point assez de la vôtre. Mais je ne puis consciencieusement faire autre chose pour lui et pour vous.

— Corbleu! une canne, dit Reteau exaspéré; savez-vous, Monsieur, que je suis gentilhomme?

— Alors, prêtez-moi votre épée à moi, dit Charny en jetant la sienne aux pieds du gazetier, j'en serai quitte pour ne plus toucher à celle-ci.

Et il jeta la sienne aux pieds de Reteau, pâlissant.

Philippe n'avait plus d'objection à faire. Il tira son épée du fourreau et la passa à travers la grille à Charny.

Charny la prit en saluant.

— Ah! tu es gentilhomme, dit-il en se retournant du côté de Reteau, tu es gentilhomme et tu écris sur la reine de France de pareilles infamies!... Eh bien! ramasse cette épée et prouve que tu es gentilhomme.

Mais Reteau ne bougea point; on eût dit qu'il avait aussi peur de l'épée qui était à ses pieds que de la canne qui, un instant, avait été au-dessus de sa tête.

— Mordieu! dit Philippe exaspéré, ouvrez-moi donc cette grille.

— Pardon, Monsieur, dit Charny, mais, vous en êtes convenu, cet homme est à moi d'abord.

— Alors, hâtez-vous d'en finir, car j'ai, moi, hâte de commencer.

— Je devais épuiser tous les moyens avant d'en arriver à ce moyen extrême, dit Charny, car je trouve que les coups de canne coûtent presque autant à donner qu'à recevoir ; mais puisque bien décidément monsieur préfère des coups de canne aux coups d'épée, soit, il sera servi à sa guise.

A peine ces mots étaient-ils achevés, qu'un cri poussé par Reteau annonça que Charny venait de joindre l'effet aux paroles. Cinq ou six coups vigoureusement appliqués, dont chacun tira un cri équivalent à la douleur qu'il produisit, suivirent le premier.

Ces cris attirèrent la vieille Aldegonde; mais Charny s'inquiéta aussi peu de ses cris qu'il s'était inquiété de ceux de son maître.

Pendant ce temps, Philippe, placé comme Adam de l'autre côté du paradis, se rongeait les doigts, faisant le manège de l'ours qui sent la chair fraîche en avant de ses barreaux.

Enfin Charny s'arrêta, las d'avoir battu, et Reteau se prosterna, las d'être rossé.

— Là! dit Philippe, avez-vous fini, Monsieur?

— Oui, dit Charny.

— Eh bien! maintenant, rendez-moi

mon épée qui vous a été inutile, et ouvrez-moi, je vous prie.

— Monsieur, Monsieur, implora Reteau qui voyait un défenseur dans l'homme qui avait terminé ses comptes avec lui.

— Vous comprenez que je ne puis laisser monsieur à la porte, dit Charny ; je vais donc lui ouvrir.

— Oh ! c'est un meurtre, cria Reteau ; voyons, tuez-moi tout de suite d'un coup d'épée, et que ce soit fini.

— Oh ! maintenant, dit Charny, rassurez-vous; je crois que monsieur ne vous touchera même pas.

— Et vous avez raison, dit avec un souverain mépris Philippe qui venait d'entrer. Je n'ai garde. Vous avez été roué, c'est bien, et, comme dit l'axiome légal : *Non bis in idem*. Mais il reste des numéros de l'édition, et ces numéros, il est important de les détruire.

— Ah! très bien! dit Charny; voyez-vous que mieux vaut être deux qu'un seul; j'eusse peut-être oublié cela; mais par quel hasard étiez-vous donc à cette porte, monsieur de Taverney?

— Voici, dit Philippe. Je me suis fait

instruire dans le quartier des mœurs de ce coquin. J'ai appris qu'il avait l'habitude de fuir quand on lui serrait le bouton. Alors je me suis enquis de ses moyens de fuite, et j'ai pensé qu'en me présentant par la porte dérobée au lieu de me présenter par la porte ordinaire, et qu'en refermant cette porte derrière moi, je prendrais mon renard dans son terrier. La même idée de vengeance vous était venue : seulement, plus pressé que moi, vous avez pris des informations moins complètes ; vous êtes entré par la porte de tout le monde, et il allait vous échapper, quand heureusement vous m'avez trouvé là.

— Et je m'en réjouis! Venez, monsieur de Taverney... Ce drôle va nous conduire à sa presse.

— Mais ma presse n'est pas ici, dit Reteau.

— Mensonge! s'écria Charny menaçant.

— Non, non, s'écria Philippe, vous voyez bien qu'il a raison, les caractères sont déjà distribués; il n'y a plus que l'édition. Or, l'édition doit être entière, sauf les mille vendus à M. de Cagliostro.

— Alors il va déchirer cette édition devant nous.

— Il va la brûler; c'est plus sûr.

Et Philippe, approuvant ce mode de satisfaction, poussa Reteau et le dirigea vers la boutique.

V

Comment deux amis deviennent ennemis.

Cependant Aldegonde ayant entendu crier son maître et ayant trouvé la porte fermée, était allée chercher la garde.

Mais, avant qu'elle ne fût de retour, Philippe et Charny avaient eu le temps d'allumer un feu brillant avec les premiers numéros de la gazette, puis d'y jeter lacérées successivement les autres feuilles qui s'embrâsaient à mesure qu'elles touchaient le rayon de la flamme.

Les deux exécuteurs en étaient aux derniers numéros, lorsque la garde parut derrière Aldegonde, à l'extrémité de la cour, et en même temps que la garde cent polissons et autant de commères.

Les premiers fusils frappaient la dalle du vestibule quand le dernier numéro de la gazette commençait à flamber.

Heureusement Philippe et Charny connaissaient le chemin que leur avait imprudemment montré Reteau; ils prirent donc le couloir secret, fermèrent les verroux, franchirent la grille de la rue des Vieux-Augustins, fermèrent la grille à double tour et en jetèrent la clé dans le premier égoût qui se trouva là.

Pendant ce temps-là Reteau, devenu libre, criait à l'aide, au meurtre, à l'assassinat, et Aldegonde, qui voyait les vitres s'enflammer aux reflets du papier brûlant, criait au feu.

Les fusiliers arrivèrent; mais comme ils trouvèrent les deux jeunes gens partis et le feu éteint, ils ne jugèrent pas à propos de pousser plus loin les recherches; ils laissèrent Reteau se bassiner le dos avec de l'eau-de-vie camphrée, et retournèrent au corps-de-garde.

Mais la foule toujours plus curieuse que la garde, séjourna jusqu'à près de midi dans la cour de M. Reteau, espérant toujours que la scène du matin se renouvellerait.

Aldegonde, dans son désespoir, blasphéma le nom de Marie-Antoinette en l'appelant l'Autrichienne, et bénit celui de M. Cagliostro, en l'appelant le protecteur des lettres.

Lorsque Tavernay et Charny se trouvèrent dans la rue des Vieux-Augustins.

— Monsieur, dit Charny, maintenant que notre exécution est finie, puis-je espérer que j'aurai le bonheur de vous être bon à quelque chose?

— Mille grâces, Monsieur, j'allais vous faire la même question.

— Merci ; j'étais venu pour affaires particulières qui vont me tenir à Paris probablement une partie de la journée.

— Et moi aussi, Monssieur.

—Permettez donc que je prenne congé de vous, et que je me félicite de l'honneur et du bonheur que j'ai eu de vous rencontrer.

— Permettez-moi de vous faire le même compliment, et d'y ajouter tout mon désir que l'affaire pour laquelle vous êtes venu se termine selon vos souhaits.

Et les deux hommes se saluèrent avec un sourire et une courtoisie à travers lesquels il était facile de voir que dans toutes les paroles qu'ils venaient d'échanger, les lèvres seules avaient été en jeu.

En se quittant, tous deux se tournèrent le dos, Philippe remontant vers les boulevards, Charny descendant du côté de la rivière.

Tous deux se retournèrent deux ou trois fois, jusqu'à ce qu'ils se fussent perdus de vue. Et alors Charny, qui, ainsi que nous l'avons dit, était remonté du côté de la rivière, prit la rue Beaurepaire, puis, après la rue Beaurepaire, la rue du Renard, puis la rue du Grand-Hurleur, la rue Jean-Robert, la rue des Gravilliers, la rue Pastourelle, la rue d'Anjou, du Perche, Culture Sainte-Catherine, de Saint-Anastase et Saint-Louis.

Arrivé là, il descendit la rue Saint-Louis et s'avança vers la rue Neuve-Saint-Gilles.

Mais à mesure qu'il approchait, son œil se fixait sur un jeune homme qui, de son côté, remontait la rue Saint-Louis, et qu'il croyait reconnaître. Deux ou trois fois, il s'arrêta doutant; mais bientôt le doute disparut. Celui qui remontait était Philippe.

Philippe qui, de son côté, avait pris la rue Mauconseil, la rue aux Ours, la rue du Grenier-Saint-Lazare, la rue Michel-le-Comte, la rue des Vieilles-Audriettes, la rue de l'Homme-Armé, la rue des Rosiers, était passé devant l'hôtel de Lamoignon, et enfin avait débouché sur la rue Saint-Louis, à l'angle de la rue de l'Egoût-Sainte-Catherine.

Les deux jeunes gens se trouvèrent ensemble à l'entrée de la rue Neuve-Saint-Gilles.

Tous deux s'arrêtèrent, et se regardèrent avec des yeux qui, cette fois, ne prenaient point la peine de cacher leur pensée.

Chacun d'eux avait encore eu, cette fois, la même pensée; c'était de venir demander raison au comte de Cagliostro.

Arrivés là, ni l'un ni l'autre ne pouvait douter du projet de celui en face duquel il se trouvait de nouveau.

— Monsieur de Charny, dit Philippe, je vous ai laissé le vendeur, vous pourriez bien me laisser l'acheteur. Je vous ai laissé donner les coups de canne, laissez-moi donner les coups d'épée.

— Monsieur, répondit Charny, vous m'avez fait cette galanterie, je crois, parce que j'étais arrivé le premier, et point pour autre chose.

— Oui; mais ici, dit Taverney, j'arrive en même temps que vous, et, je vous le dis tout d'abord, ici je ne vous ferai point de concession.

— Et qui vous dit que je vous en demande, Monsieur; je défendrai mon droit, voilà tout.

— Et selon vous, votre droit, Monsieur de Charny !...

— Est de faire brûler à M. de Cagliostro les mille exemplaires qu'il a achetés à ce misérable.

— Vous vous rappellerez, Monsieur, que c'est moi qui, le premier, ai eu l'idée de les faire brûler rue Montorgueil.

— Eh bien ! soit, vous les avez fait brûler rue Montorgueil, je les ferai déchirer, moi, rue Neuve-Saint-Gilles.

— Monsieur, je suis désespéré de vous

dire que, très sérieusement, je désire avoir affaire le premier au comte de Cagliostro.

— Tout ce que je puis faire pour vous, Monsieur, c'est de m'en remettre au sort; je jetterai un louis en l'air, celui de nous deux qui gagnera, gagnera la priorité.

— Merci, Monsieur; mais, en général, j'ai peu de chance, et peut-être serais-je assez malheureux pour perdre.

Et Philippe fit un pas en avant.

Charny l'arrêta.

— Monsieur, lui dit-il, un mot, et je crois que nous allons nous entendre.

Philippe se retourna vivement. Il y avait dans la voix de Charny un accent de menace qui lui plaisait.

— Ah! dit-il, soit.

— Si, pour aller demander satisfaction à M. de Cagliostro, nous passions par le bois de Boulogne, ce serait le plus long, je le sais bien, mais je crois que cela terminerait notre différend. L'un de nous deux resterait probablement en route, et celui qui reviendrait n'aurait de compte à rendre à personne.

— En vérité, Monsieur, dit Philippe, vous allez au devant de ma pensée ; oui, voilà en effet qui concilie tout. Voulez-vous me dire où nous nous retrouverons ?

— Mais, si ma société ne vous est pas trop insupportable, Monsieur.

— Comment donc ?

— Nous pourrions ne pas nous quitter. J'ai donné ordre à ma voiture de venir m'attendre Place Royale, et, comme vous savez, c'est à deux pas d'ici.

— Alors vous voudrez bien m'y donner une place.

— Comment donc, avec le plus grand plaisir.

Et les deux jeunes gens qui s'étaient sentis rivaux au premier coup-d'œil, devenus ennemis à la première occasion, se mirent à allonger le pas pour gagner la Place Royale. Au coin de la rue du Pas-de-la-Mule ils aperçurent le carrosse de Charny.

Celui-ci, sans se donner la peine d'aller plus loin, fit un signe au valet-de-pied. Le carrosse s'approcha. Charny invita Philippe à y prendre sa place. Et le carrosse partit dans la direction des Champs-Élysées.

Avant de monter en voiture. Charny avait écrit deux mots sur ses tablettes, et fait porter ces mots par son valet-de-pied, à son hôtel de Paris.

Les chevaux de M. de Charny étaient excellents, en moins d'une demi-heure ils furent au bois de Boulogne.

Charny arrêta son cocher quand il eut trouvé dans le bois un endroit convenable.

Le temps était beau, l'air un peu vif, mais déjà le soleil humait avec force le premier parfum des violettes et des jeunes pousses de sureaux aux bords des chemins et sous la lisière du bois.

Sur les feuilles jaunies de l'année précédente, l'herbe montait orgueilleusement parée de ses graines à panaches mouvants, les ravenelles d'or laissaient tomber leurs têtes parfumées le long des vieux murs.

— Il fait un beau temps pour la promenade, n'est-ce pas, monsieur de Taverney? dit Charny.

— Beau temps, oui, Monsieur.

Et tous deux descendaient.

— Partez, Dauphin, dit Charny à son cocher.

— Monsieur, dit Taverney, peut-être

avez-vous tort de renvoyer votre carrosse, l'un de nous pourrait bien en avoir besoin pour s'en retourner.

— Avant tout, Monsieur, le secret, dit Charny, le secret sur toute cette affaire, confiée à un laquais, elle risque d'être demain le sujet des conversations de tout Paris.

— Ce sera comme il vous plaira, Monsieur ; mais le drôle qui nous a amenés sait certainement déjà de quoi il s'agit. Ces espèces de gens connaissent trop les façons des gentilshommes, pour ne pas se douter que, lorsqu'ils se font conduire aux bois de Boulogne, de Vincennes ou de Satory, au train dont il nous a menés, ce n'est point pour y faire une simple promenade. Ainsi, je le répète, votre cocher sait déjà à quoi s'en tenir. Maintenant, j'admets qu'il ne le sache pas. Il me verra ou vous verra blessé, tué peut-être, et ce sera bien assez pour qu'il comprenne, quoiqu'un peu tard. Ne vaut-il pas mieux le garder pour emmener celui de nous qui ne pourra pas revenir, que de rester, vous, ou de me laisser, moi, dans l'embarras de la solitude?

— C'est vous qui avez raison, Monsieur, répliqua Charny.

Alors, se retournant vers le cocher :

—Dauphin, dit-il, arrêtez, vous attendrez ici.

Dauphin s'était douté qu'on le rappellerait; il n'avait pas pressé ses chevaux, et, par conséquent, n'avait point dépassé la portée de la voix.

Dauphin s'arrêta donc; et comme, ainsi que l'avait prévu Philippe, il se doutait de ce qui allait se passer, il s'accommoda sur son siége, de façon à voir à travers les arbres encore dégarnis de feuille la scène dont son maître lui paraissait devoir être un des acteurs.

Cependant, peu à peu, Philippe et

Charny gagnèrent dans le bois; au bout
de cinq minutes, ils étaient perdus, ou à
peu près, dans la demi teinte bleuâtre
qui en estompait les horizons.

Philippe, qui marchait le premier,
rencontra une place sèche, dure sous le
pied; elle présentait un carré long merveilleusement approprié à l'objet qui
amenait les deux jeunes gens.

— Sauf votre avis, monsieur de Charny, dit Philippe, il me semble que voilà
un bon endroit.

— Excellent, Monsieur, répliqua
Charny, en ôtant son habit.

Philippe ôta son habit à son tour, jeta son chapeau à terre et dégaina.

— Monsieur, dit Charny, dont l'épée était encore au fourreau, à tout autre qu'à vous, je dirais : chevalier, un mot sinon d'excuse, du moins de douceur, et nous voilà bons amis; mais à vous, mais à un brave qui vient d'Amérique, c'est-à-dire d'un pays où l'on se bat si bien, je ne puis...

— Et moi, à tout autre, répliqua Philippe, je dirais : Monsieur, j'ai peut-être eu vis-à-vis de vous l'apparence d'un tort; mais à vous, mais à ce brave marin qui l'autre soir encore faisait l'admiration de toute la cour, par un fait d'armes si glorieux; à vous, Monsieur de Charny, je ne puis rien dire, sinon: monsieur le comte, faites-moi l'honneur de vous mettre en garde.

Le comte salua et tira l'épée à son tour.

— Monsieur, dit Charny, je crois que nous ne touchons ni l'un ni l'autre à la véritable cause de la querelle.

— Je ne vous comprends pas, comte, répliqua Philippe.

— Oh! vous me comprenez, au contraire, Monsieur, et parfaitement même;

et, comme vous venez d'un pays où l'on ne sait pas mentir, vous avez rougi en me disant que vous ne me compreniez pas.

— En garde! répéta Philippe.

Les fers se croisèrent.

Aux premières passes, Philippe s'aperçut qu'il avait sur son adversaire une supériorité marquée. Seulement, cette assurance, au lieu de lui donner une ardeur nouvelle, sembla le refroidir complètement.

Cette supériorité, laissant à Philippe tout son sang-froid, il en résulta que son jeu devint bientôt aussi calme que s'il eût été dans une salle d'armes, et, au lieu d'une épée, eût tenu un fleuret à la main.

Mais Philippe se contentait de parer, et le combat durait depuis plus d'une minute qu'il n'avait pas encore porté un seul coup.

— Vous me ménagez, Monsieur, dit Charny; puis-je vous demander à quel propos?

Et masquant une feinte rapide, il se fendit à fond sur Philippe.

Mais Philippe enveloppa l'épée de son

adversaire dans un contre encore plus rapide que la feinte, et le coup se trouva paré.

Quoique la parade de Taverney eût écarté l'épée de Charny de la ligne, Taverney ne riposta point.

Charny fit une reprise que Philippe écarta encore une fois, mais par une simple parade, Charny fut forcé de se relever rapidement.

Charny était plus jeune, plus ardent surtout, il avait honte en sentant bouillir son sang du calme de son adversaire; il voulut le forcer à sortir de ce calme.

— Je vous disais, Monsieur, que nous n'avions touché, ni l'un ni l'autre, à la véritable cause du duel.

Philippe ne répondit pas.

— La véritable cause, je vais vous la dire : vous m'avez cherché querelle, car la querelle vient de vous ; vous m'avez cherché querelle par jalousie.

Philippe resta muet.

— Voyons, dit Charny, s'animant en raison inverse du sang-froid de Philippe, quel jeu jouez-vous, monsieur de Taverney? Votre intention est-elle de me fatiguer la main? Ce serait un calcul indigne de vous. Morbleu! tuez-moi, si vous pouvez, mais au moins tuez-moi en pleine défense.

Philippe secoua la tête.

— Oui, Monsieur, dit-il, le reproche que vous me faites est mérité; je vous ai cherché querelle, et j'ai eu tort.

— Il ne s'agit plus de cela, maintenant, Monsieur; vous avez l'épée à la main, servez-vous de votre épée pour autre chose que pour parer, ou, si vous ne m'attaquez pas mieux, défendez-vous moins.

—Monsieur, reprit Philippe, j'ai l'honneur de vous dire une seconde fois que j'ai eu tort et que je me repens.

Mais Charny avait le sang trop enflammé pour comprendre la générosité de son adversaire ; il la prit à offense.

— Ah! dit-il, je comprends ; vous voulez faire de la magnanimité vis-à-vis de moi. — C'est cela, n'est-ce pas, chevalier; ce soir ou demain vous comptez dire à quelques belles dames que vous m'avez amené sur le terrain, et que là vous m'avez donné la vie.

— Monsieur le comte, dit Philippe, en vérité je crains que vous ne deveniez fou.

— Vous vouliez tuer M. de Cagliostro pour plaire à la reine, n'est-ce pas, et, pour plaire plus sûrement encore à la reine, moi aussi vous voulez me tuer, mais par le ridicule.

— Ah! voilà un mot de trop, s'écria Philippe en fronçant le sourcil. Et ce mot me prouve que votre cœur n'est pas si généreux que je le croyais.

— Eh bien! percez donc ce cœur! dit Charny en se découvrant juste au moment où Philippe passait un dégagement rapide et se fendait.

L'épée glissa le long des côtes et ouvrit un sillon sanglant sous la chemise de toile fine.

— Enfin, dit Charny joyeux, je suis donc blessé! Maintenant, si je vous tue, j'aurai le beau rôle.

— Allons, décidément, dit Philippe, vous êtes tout-à-fait fou, Monsieur; vous ne me tuerez pas, et vous aurez un rôle tout vulgaire; car vous serez blessé sans cause et sans profit, nul ne sachant pourquoi nous nous sommes battus.

Charny poussa un coup droit si rapide que cette fois ce fut à grand peine que Philippe arriva à temps à la parade;

mais, en arrivant à la parade, il lia l'épée, et d'un vigoureux coup de fouet la fit sauter à dix pas de son adversaire.

Aussitôt il s'élança sur l'épée qu'il brisa d'un coup de talon.

— Monsieur de Charny, dit-il, vous n'aviez pas à me prouver que vous êtes brave ; vous me détestez donc bien que vous avez mis cet acharnement à vous battre contre moi ?

Charny ne répondit pas ; il pâlissait visiblement.

Philippe le regarda pendant quelques

secondes pour provoquer de sa part un aveu ou une dénégation.

— Allons, Monsieur le comte, dit-il, le sort en est jeté; nous sommes ennemis.

Charny chancela. Philippe s'élança pour le soutenir; mais le comte repoussa sa main.

— Merci, dit-il, j'espère aller jusqu'à ma voiture.

— Prenez au moins ce mouchoir pour étancher le sang.

— Volontiers.

Et il prit le mouchoir.

— Et mon bras, Monsieur; au moindre obstacle que vous rencontrerez, chancelant comme vous êtes, vous tomberez, et votre chute vous sera une douleur inutile.

— L'épée n'a traversé que les chairs, dit Charny. Je ne sens rien dans la poitrine.

— Tant mieux, Monsieur.

— Et j'espère être bientôt guéri.

— Tant mieux encore, Monsieur. Mais si vous hâtez de vos vœux cette guérison pour recommencer ce combat, je vous préviens que vous retrouverez difficilement en moi un adversaire.

Charny essaya de répondre, mais les paroles moururent sur ses lèvres; il chancela, et Philippe n'eut que le temps de le retenir entre ses bras.

Alors il le souleva comme il eût fait d'un enfant, et le porta à moitié évanoui jusqu'à sa voiture.

Il est vrai que Dauphin, ayant à travers les arbres vu ce qui se passait, abrégea le chemin en venant au-devant de son maître.

On déposa Charny dans la voiture; il

remercia Philippe d'un signe de tête.

— Allez au pas, cocher, dit Philippe.

— Mais vous, Monsieur, murmura le blessé.

— Oh! ne vous inquiétez pas de moi.

Et saluant à son tour, il referma la portière.

Philippe regarda le carrosse s'éloigner lentement; puis le carrosse ayant disparu au détour d'une allée, il prit lui-même la route qui devait le ramener à Paris par le chemin le plus court.

Puis se retournant une derniere fois,

et apercevant le carrosse qui, au lieu de revenir comme lui vers Paris, tournait du côté de Versailles, et se perdait dans les arbres, il prononça ces trois mots, mots profondément arrachés de son cœur après une profonde méditation :

— Elle le plaindra :

VI

La maison de la rue Saint-Gilles.

A la porte du garde, Philippe trouva un carrosse de louage et sauta dedans.

— Rue Neuve-Saint-Gilles, dit-il au cocher, et vivement.

Un homme qui vient de se battre et qui a conservé un air vainqueur, un homme vigoureux dont la taille annonce la noblesse, un homme vêtu en bourgeois et dont la tournure dénonce un militaire, c'était plus qu'il n'en fallait pour stimuler le brave homme, dont le fouet, s'il n'était pas comme le trident de Neptune, le sceptre du monde, n'en était pas moins pour Philippe un sceptre très important.

L'automédon à vingt-quatre sous dévora donc l'espace et apporta Philippe tout frémissant rue Saint-Gilles, à l'hôtel du comte de Cagliostro.

L'hôtel était d'une grande simplicité extérieure, d'une grande majesté de lignes, comme la plupart des bâtiments élevés sous Louis XIV, après les concettis de marbre ou de brique entassés par le règne de Louis XIII sur la renaissance.

Un vaste carrosse, attelé de deux bons chevaux, se balançait sur ses moelleux ressorts, dans une vaste cour d'honneur.

Le cocher, sur son siége, dormait dans sa vaste houppelande fourrée de renard; deux valets, dont l'un portait un couteau de chasse, arpentaient silencieusement le perron.

A part ces personnages agissants,

nul symptôme d'existence n'apparaissait dans l'hôtel.

Le fiacre de Philippe ayant reçu l'ordre d'entrer, tout fiacre qu'il était, héla le suisse, qui fit aussitôt crier les gonds de la porte massive.

Philippe sauta à terre, s'élança vers le perron, et s'adressant aux deux valets à la fois :

— M. le comte de Cagliostro? dit-il.

— M. le comte va sortir, répondit un des valets.

— Alors, raison de plus pour que je

me hâte, dit Philippe, car j'ai besoin de lui parler avant qu'il ne sorte. Annoncez le chevalier Philippe de Taverney.

Et il suivit le laquais d'un pas si pressé qu'il arriva en même temps que lui au salon.

— Le chevalier Philippe de Taverney! répéta après le valet une voix mâle et douce à la fois.

— Faites entrer.

Philippe entra sous l'influence d'une certaine émotion que cette voix si calme avait fait naître en lui.

— Excusez-moi, Monsieur, dit le chevalier en saluant un homme de grande taille, d'une vigueur et d'une fraîcheur peu communes, et qui n'était autre que le personnage qui nous est déjà successivement apparu à la table du maréchal de Richelieu, au baquet de Mesmer, dans la chambre de mademoiselle Oliva et au bal de l'Opéra.

— Vous excuser, Monsieur! Et de quoi! répondit-il.

— Mais de ce que je vais vous empêcher de sortir.

— Il eût fallu vous excuser si vous étiez venu plus tard, chevalier.

— Pourquoi cela?

— Parce que je vous attendais.

Philippe fronça le sourcil.

— Comment, vous m'attendiez?

— Oui, j'avais été prévenu de votre visite.

— De ma visite, à moi, vous étiez prévenu?

— Mais oui, depuis deux heures. — Il doit y avoir une heure ou deux heures, n'est-ce pas, que vous vouliez venir ici, lorsqu'un accident indépendant de votre volonté vous a forcé de retarder l'exécution de ce projet ?

Philippe serra les poings ; il sentait que cet homme prenait une étrange influence sur lui.

Mais lui, sans s'apercevoir le moins du monde des mouvements nerveux qui agitaient Philippe :

— Asseyez-vous donc, Monsieur de Taverney, dit-il, je vous en prie.

Et il avança à Philippe un fauteuil placé devant la cheminée.

— Ce fauteuil avait été mis là pour vous, ajouta-t-il.

— Trêve de plaisanteries, monsieur le comte, répliqua Philippe, d'une voix qu'il essayait de rendre aussi calme que celle de son hôte, mais de laquelle cependant il ne pouvait faire disparaître un léger tremblement.

— Je ne plaisante pas, Monsieur, je vous attendais, vous dis-je.

— Allons, trêve de charlatanisme, Monsieur; si vous êtes devin, je ne suis pas venu pour mettre à l'épreuve votre science divinatoire; si vous êtes devin, tant mieux pour vous, car vous savez déjà ce que je viens dire, et vous pouvez à l'avance vous mettre à l'abri.

— A l'abri... reprit le comte avec un singulier sourire; et à l'abri de quoi, s'il vous plaît?

— Devinez, puisque vous êtes devin.

— Soit. Pour vous faire plaisir, je vais vous épargner la peine de m'exposer le motif de votre visite : Vous venez me chercher une querelle.

— Vous savez cela?

— Sans doute.

— Alors vous savez à quel propos? s'écria Philippe.

— A propos de la reine. A présent,

Monsieur, à votre tour. Continuez, je vous écoute.

Et ces derniers mots furent prononcés, non plus avec l'accent courtois de l'hôte, mais avec le ton sec et froid de l'adversaire.

— Vous avez raison, Monsieur, dit Philippe, et j'aime mieux cela.

— La chose tombe à vermeille, alors.

— Monsieur, il existe un certain pamphlet.....

— Il y a beaucoup de pamphlets, Monsieur.

— Publié par un certain gazetier...

— Il y a beaucoup de gazetiers.

— Attendez — ce pamphlet — nous nous occuperons du gazetier plus tard.

— Permettez-moi de vous dire, monsieur, interrompit Cagliostro avec un sourire, que vous vous en êtes déjà occupé.

— C'est bien; je disais donc qu'il y avait un certain pamphlet dirigé contre la reine.

Cagliostro fit un signe de tête.

— Vous le connaissez, ce pamphlet?

— Oui, Monsieur.

— Vous en avez même acheté mille exemplaires.

— Je ne le nie pas.

— Ces mille exemplaires, fort heureusement, ne sont pas parvenus entre vos mains?

— Qui vous fait penser cela, Monsieur? dit Cagliostro.

— C'est que j'ai rencontré le commissionnaire qui emportait le ballot, c'est que je l'ai payé, c'est que je l'ai dirigé chez moi, où mon domestique, prévenu d'avance, a dû le recevoir.

— Pourquoi ne faites-vous pas vous-même vos affaires jusqu'au bout?

— Que voulez-vous dire?

— Je veux dire qu'elles seraient mieux faites.

— Je n'ai point fait mes affaires jusqu'au bout, parce que tandis que mon domestique était occupé de soustraire à votre singulière bibliomanie ces mille exemplaires, moi je détruisais le reste de l'édition.

— Ainsi, vous êtes sûr que les mille exemplaires qui m'étaient destinés sont chez vous.

— J'en suis sûr.

— Vous vous trompez, Monsieur.

— Comment cela, dit Taverney, avec un serrement de cœur, et pourquoi n'y seraient-ils pas ?

— Mais, parce qu'ils sont ici, dit tranquillement le comte, en s'adossant à la cheminée.

Philippe fit un geste menaçant.

— Ah! vous croyez, dit le comte, aussi flegmatique que Nestor, vous croyez que moi, un devin, comme vous dites, je me laisserai jouer ainsi? Vous avez cru avoir une idée en soudoyant le commissionnaire, n'est-ce pas ? Eh bien ! j'ai un intendant, moi ; mon intendant a eu aussi une idée. Je le paie pour cela, il a deviné ; c'est tout naturel que l'intendant d'un devin devine, il a deviné que vous viendriez chez le gazetier, que vous rencontreriez le commissionnaire, que vous soudoieriez le commissionnaire ; il l'a donc suivi, il l'a menacé de lui faire rendre l'or que vous lui aviez donné : l'homme a eu peur, et au lieu de continuer son chemin vers votre hôtel, il a suivi mon intendant ici. Vous en doutez?

— J'en doute.

— *Vide pedes, vide manus!* a dit Jésus à saint Thomas. Je vous dirai, à vous, monsieur de Taverney : Voyez l'armoire, et palpez les brochures.

Et en disant ces mots, il ouvrit un meuble de chêne admirablement sculpté ; et, dans le casier principal, il montra au chevalier pâlissant les mille exemplaires de la brochure encore imprégnés de cette odeur moisie du papier humide.

Philippe s'approcha du comte. Celui-ci ne bougea point, quoique l'attitude du chevalier fut des plus menaçantes.

— Monsieur, dit Philippe, vous me

paraissez être un homme courageux ; je vous somme de me rendre raison, l'épée à la main.

— Raison de quoi? demanda Cagliostro.

— De l'insulte faite à la reine, insulte dont vous vous rendez complice en détenant ne fût-ce qu'un exemplaire de cette feuille.

— Monsieur, dit Cagliostro sans changer de posture, vous êtes, en vérité, dans une erreur qui me fait peine. J'aime les nouveautés, les bruits scandaleux, les choses éphémères. Je collectionne, afin de me souvenir plus tard de mille choses que j'oublierais sans cette précaution. J'ai acheté cette gazette; en quoi voyez-vous que j'aie insulté quelqu'un en l'achetant ?

— Vous m'avez insulté, moi !

— Vous ?

— Oui, moi ! moi, Monsieur ; comprenez-vous !

— Non, je ne comprends pas, sur l'honneur.

— Mais, comment mettez-vous, je vous le demande, une pareille insistance à acheter une si hideuse brochure ?

— Je vous l'ai dit, la manie des collections.

— Quand on est homme d'honneur, Monsieur, on ne collectionne pas des infamies.

— Vous m'excuserez, Monsieur; mais je ne suis pas de votre avis sur la qualification de cette brochure : c'est un pamphlet peut-être, mais ce n'est pas une infamie.

— Vous avouerez, au moins, que c'est un mensonge?

— Vous vous trompez encore, Monsieur, car Sa Majesté la reine a été au baquet de Mesmer.

— C'est faux, Monsieur.

— Vous voulez dire que j'en ai menti?

— Je ne veux pas le dire, je le dis.

— Eh bien! puisqu'il en est ainsi, je vous répondrai par un seul mot: Je l'ai vue.

— Vous l'avez vue?

— Comme je vous vois, Monsieur.

Philippe regarda son interlocuteur en face. Il voulut lutter avec son regard si franc, si noble, si beau, contre le regard lumineux de Cagliostro ; mais cette lutte finit par le fatiguer, il détourna la vue en s'écriant :

— Eh bien ! je n'en persiste pas moins à dire que vous mentez.

Cagliostro haussa les épaules, comme il eût fait à l'insulte d'un fou.

— Ne m'entendez-vous pas? dit sourdement Philippe.

— Au contraire, Monsieur, je n'ai pas perdu une parole de ce que vous dites.

— Eh bien ! ne savez-vous pas ce que vaut un démenti ?

— Si, Monsieur, répondit Cagliostro ; il y a même un proverbe en France qui dit qu'un démenti vaut un soufflet.

— Eh bien ! je m'étonne d'une chose.

— De laquelle?

— C'est de n'avoir pas encore vu votre main se lever sur mon visage, puisque vous êtes gentilhomme, puisque vous connaissez le proverbe français.

— Avant de me faire gentilhomme et de m'apprendre le proverbe français, Dieu m'a fait homme et m'a dit d'aimer mon semblable.

— Ainsi, Monsieur, vous me refusez satisfaction l'épée à la main?

— Je ne paie que ce que je dois.

— Alors vous me donnerez satisfaction d'une autre manière?

— Comment cela?

— Je ne vous traiterai pas plus mal qu'un homme de noblesse n'en doit traiter un autre; seulement, j'exigerai que vous brûliez en ma présence tous les exemplaires qui sont dans l'armoire.

— Et moi, je vous refuserai.

— Réfléchissez.

— C'est réfléchi.

— Vous allez m'exposer à prendre avec vous le parti que j'ai pris avec le gazetier.

— Ah! des coups de canne, dit Cagliostro en riant et sans remuer plus que n'eût fait une statue.

— Ni plus ni moins, monsieur; oh! vous n'appellerez pas vos gens.

— Moi? allons donc; et pourquoi appellerais-je mes gens? cela ne les regarde pas; je ferai bien mes affaires moi-même. Je suis plus fort que vous. Vous doutez? Je vous le jure. Ainsi, réfléchissez à votre tour. Vous allez vous approcher de moi avec votre canne? Je vous prendrai par le cou et par l'échine, et je vous jetterai à dix pas de moi, et cela, entendez-vous bien, autant de fois que vous essaierez de revenir sur moi.

— Jeu de lord anglais, c'est-à-dire jeu de crocheteur. Eh bien! soit, monsieur l'hercule, j'accepte.

Et Philippe, ivre de fureur, se jeta sur Cagliostro, qui tout-à-coup raidit ses bras comme deux crampons d'acier, saisit le chevalier à la gorge et à la ceinture, et le lança tout étourdi sur une pile de coussins épais qui garnissait un sofa dans l'angle du salon.

Puis, après ce tour de force prodigieux, il se remit devant la cheminée, dans la même posture, et comme si rien ne s'était passé.

Philippe s'était relevé, pâle et écumant, mais la réaction d'un froid raisonnement vint soudain lui rendre ses facultés morales.

Il se redressa, ajusta son habit et ses manchettes, puis d'une voix sinistre :

— Vous êtes en effet fort comme quatre hommes, Monsieur, dit le chevalier ;

mais vous avez la logique moins nerveuse que le poignet. En me traitant comme vous venez de le faire, vous avez oublié que, vaincu, humilié, à jamais votre ennemi, je venais d'acquérir le droit de vous dire : l'épée à la main, comte, ou je vous tue.

Cagliostro ne bougea point.

— L'épée à la main, vous dis-je, ou vous êtes mort, continua Philippe.

— Vous n'êtes pas encore assez près de moi, Monsieur, pour que je vous traite comme la première fois, répliqua le comte, et je ne m'exposerai pas à être blessé par vous, tué même, comme ce pauvre Gilbert.

— Gilbert! s'écria Philippe chancelant, quel nom avez-vous prononcé là...

— Heureusement que vous n'avez pas un fusil, cette fois, mais une épée.

— Monsieur, s'écria Philippe, vous avez prononcé un nom...

— Oui, n'est-ce pas, qui a éveillé un terrible écho dans vos souvenirs.

— Monsieur!

— Un nom que vous croyiez n'entendre jamais, car vous étiez seul avec le pauvre enfant dans cette grotte des Açores, n'est-ce pas, quand vous l'avez assassiné?

— Oh! reprit Philippe, défendez-vous! défendez-vous!

— Si vous saviez, dit Cagliostro en regardant Philippe, si vous saviez comme il serait facile de vous faire tomber l'épée des mains.

— Avec votre épée?

— Oui, d'abord avec mon épée, si je voulais.

— Mais voyons... voyons donc!...

— Oh! je ne m'y hasarderai pas: j'ai un moyen plus sûr.

— L'épée à la main! pour la dernière fois, ou vous êtes mort, s'écria Philippe en bondissant vers le comte.

Mais celui-ci, menacé cette fois par la pointe de l'épée distante de trois pouces à peine de sa poitrine, prit dans sa poche un petit flacon qu'il déboucha et en jeta le contenu au visage de Philippe.

A peine la liqueur eut-elle touché le chevalier, que celui-ci chancela, laissa échapper son épée, tourna sur lui-même, et tombant sur les genoux, comme si ses jambes eussent perdu la force de le soutenir, pendant quelques secondes, perdit absolument l'usage de ses sens.

Cagliostro l'empêcha de tomber à terre tout-à-fait, le soutint, lui remit son épée au fourreau, l'assit sur un fauteuil, attendit que sa raison fût parfaitement revenue, et alors :

— Ce n'est plus à votre âge, chevalier, qu'on fait des folies, dit-il ; cessez donc d'être fou comme un enfant, et écoutez-moi.

Philippe se secoua, se raidit, chassa la terreur qui envahissait son cerveau, et murmura :

— Oh! Monsieur, Monsieur; est-ce donc là ce que vous appelez des armes de gentilhomme?

Cagliostro haussa les épaules.

— Vous répétez toujours la même phrase, dit-il. Quand nous autres, gens de noblesse, nous avons ouvert largement notre bouche pour laisser passer le mot : gentilhomme! tout est dit. Qu'appelez-vous une arme de gentilhomme, voyons ? Est-ce votre épée, qui vous a si mal servi contre moi ? Est-ce votre fusil, qui vous a si bien servi contre Gilbert ? Qui fait les hommes supérieurs, chevalier ? Croyez-vous que ce soit ce mot sonore : gentilhomme ? Non. C'est la raison d'abord, la force ensuite, la science enfin. Eh bien ! j'ai usé de tout cela vis-à-vis de vous; avec ma raison, j'ai bravé vos injures, croyant vous amener à m'écouter; avec ma force, j'ai bravé votre force; avec ma science, j'ai éteint à la fois vos forces physiques et morales; il me reste maintenant à vous prouver que vous avez commis deux fautes en venant ici la menace à la bouche. Voulez-vous me faire l'honneur de m'écouter?

— Vous m'avez anéanti, dit Philippe, je ne puis faire un mouvement; vous vous êtes rendu maître de mes muscles, de ma pensée, et puis vous venez me demander de vous écouter quand je ne puis faire autrement?

Alors Cagliostro prit un petit flacon d'or que tenait sur la cheminée un esculape de bronze.

— Respirez ce flacon, chevalier, dit-il avec une douceur pleine de noblesse.

Philippe obéit; les vapeurs qui obscurcissaient son cerveau se dissipèrent, et il lui semblait que le soleil, descendant dans les parois de son crâne, en illuminait toutes les idées.

— Oh ! je renais ! dit-il.

— Et vous vous sentez bien, c'est-à-dire libre et fort.

— Oui.

— Avec la mémoire du passé?

— Oh! oui.

— Et comme j'ai affaire à un homme de cœur, qui a de l'esprit, cette mémoire qui vous revient me donne tout avantage dans ce qui s'est passé entre nous.

— Non, dit Philippe, car j'agissais en vertu d'un principe vital, d'un principe sacré.

— Que faisiez-vous donc?

— Je défendais la monarchie.

— Vous, vous défendiez la monarchie?

— Oui, moi.

— Vous, un homme qui est allé en Amérique défendre la République ! Eh ! mon Dieu, soyez donc franc, ou ce n'est pas la République que vous défendiez là-bas, ou ce n'est pas la monarchie que vous défendez ici.

Philippe baissa les yeux ; un immense sanglot faillit lui briser le cœur.

— Aimez, continua Cagliostro, aimez ceux qui vous dédaignent; aimez ceux qui vous oublient: aimez ceux qui vous trompent, c'est le propre des grandes âmes d'être trahies dans leurs grandes affections ; c'est la loi de Jésus de rendre le bien pour le mal. Vous êtes chrétien, monsieur de Taverney.

— Monsieur! s'écria Philippe effrayé de voir Cagliostro lire ainsi dans le présent et dans le passé, pas un mot de plus; car si je ne défendais pas la royauté, je défendais la reine, c'est-à-dire une femme respectable, innocente, respectable encore quand elle ne le serait plus, car c'est une loi divine que de défendre les faibles.

— Les faibles! une reine, vous appelez cela un être faible? Celle devant qui vingt-huit millions d'êtres vivants et pensants plient le genou et la tête, allons donc!

— Monsieur, on la calomnie.

— Qu'en savez-vous?

— Je veux le croire.

— Vous pensez que c'est votre droit?

— Sans doute.

— Eh bien! mon droit à moi est de croire le contraire.

— Vous agissez comme un mauvais génie.

— Qui vous l'a dit? s'écria Cagliostro,

dont l'œil étincela tout-à-coup et inonda Philippe de lueur. D'où vous vient cette témérité de penser que vous avez raison, que moi j'ai tort? D'où vous vient cette audace de préférer votre principe au mien? Vous défendez la royauté, vous; eh bien! si je défendais l'humanité, moi? Vous dites : Rendez à César ce qui appartient à César ; je vous dis : Rendez à Dieu ce qui appartient à Dieu. Républicain de l'Amérique, chevalier de l'ordre de Cincinnatus, je vous rappelle à l'amour des hommes, à l'amour de l'égalité. Vous marchez sur les peuples pour baiser les mains des reines, vous; moi, je foule aux pieds les reines pour élever les peuples d'un degré. Je ne vous trouble pas dans vos adorations, ne me troublez pas dans mon travail. Je vous laisse le grand jour, le soleil des cieux et le soleil des cours; laissez-moi l'ombre et la solitude. Vous comprenez la force de mon langage, n'est-ce pas, comme vous avez compris tout à l'heure la force de mon individualité? Vous me disiez : meurs, toi qui as offensé l'objet de mon culte; je vous dis, moi : Vis, toi qui combats mes adorations; et si je vous dis cela, c'est que je me sens tellement fort avec mon principe, que ni vous, ni les vôtres, quelques efforts que vous fassiez, ne retarderez ma marche un seul instant.

— Monsieur, vous m'épouvantez, dit Philippe : le premier peut-être dans ce pays j'entrevois, grâce à vous, le fond d'un abîme où court la royauté.

— Soyez prudent, alors, si vous avez vu le précipice.

— Vous qui me dites cela, répliqua Philippe, ému du ton paternel avec lequel Cagliostro lui avait parlé ; vous qui me révélez des secrets si terribles ; vous manquez encore de générosité, car vous savez bien que je me jetterai dans le gouffre avant d'y voir tomber ceux que je défends.

— Eh bien donc, je vous aurai prévenu, et, comme le préfet de Tibère, je me laverai les mains, monsieur de Taverney.

— Eh bien! moi, moi! s'écria Philippe en courant à Cagliostro, avec une ardeur fébrile, moi qui ne suis qu'un homme faible et inférieur à vous, j'userai envers vous des armes du faible, je vous aborderai l'œil humide, la voix tremblante, les mains jointes ; je vous supplierai de m'accorder pour cette fois, du moins, la grâce de ceux que vous poursuivez. Je vous demanderai pour moi, pour moi, entendez-vous, pour moi qui ne puis, je ne sais pourquoi, m'habituer à voir en vous un ennemi, je vous attendrirai, je vous convaincrai, j'obtiendrai enfin que vous ne laissiez pas derrière moi le remords d'avoir vu la perte de cette pauvre reine, et de ne l'avoir pas conjurée. Enfin, Monsieur, j'obtiendrai, n'est-ce pas, que vous détruisiez ce pamphlet qui fera pleurer une femme ; je l'obtiendrai de vous, ou, sur mon honneur, sur cet amour fatal que vous connaissez si bien, avec cette épée impuissante contre vous, je me percerai le cœur à vos pieds.

— Ah ! murmura Cagliostro en regardant Philippe avec des yeux pleins d'une éloquente douleur; ah! que ne sont-ils tous comme vous êtes, je serais à eux, et ils ne périraient pas!

— Monsieur, Monsieur, je vous en prie, répondez à ma demande, supplia Philippe.

— Comptez, dit Cagliostro après un silence, comptez si les mille exemplaires sont bien là, et brûlez-les vous-même jusqu'au dernier.

Philippe sentit que son cœur montait à ses lèvres; il courut à l'armoire, en tira les brochures, les jeta au feu, et serrant avec effusion la main de Cagliostro :

— Adieu, adieu, Monsieur, dit-il, cent fois merci de ce que vous avez fait pour moi.

Et il partit.

— Je devais au frère, dit Cagliostro en le voyant s'éloigner, cette compensation pour ce qu'a enduré la sœur.

Puis, haussant la voix :

— Mes chevaux !

VII

La tête de la famille de Taverney.

Pendant que ces choses se passaient rue Neuve-Saint-Gilles, M. de Taverney le père se promenait dans son jardin, suivi de deux laquais qui roulaient un fauteuil.

Il y avait à Versailles, il y a peut-être encore aujourd'hui de ces vieux hôtels avec des jardins français, qui, par une imitation servile des goûts et des idées du maître, rappelaient en petit le Versailles de Le Nôtre et de Mansard.

Plusieurs courtisans, M. de la Feuillade en dut être le modèle, s'étaient fait construire en raccourci une orangerie souterraine, une pièce d'eau des Suisses et des bains d'Apollon.

Il y avait aussi la cour d'honneur et les Trianons, le tout sur une échelle au cinq-centième : chaque bassin était représenté par un seau d'eau.

M. de Taverney en avait fait autant

depuis que S. M. Louis XV, avait adopté les Trianons. La maison de Versailles avait eu ses Trianons, ses vergers et ses parterres. Depuis que S. M. Louis XVI avait eu ses ateliers de serrurerie et ses tours, M. de Taverney avait sa forge et ses copeaux. Depuis que Marie-Antoinette avait dessiné des jardins anglais, des rivières artificielles, des prairies et des châlets, M. de Taverney avait fait dans un coin de son jardin un petit Trianon pour des poupées, et une rivière pour des canetons.

Cependant, au moment où nous le prenons, il humait le soleil, dans la seule allée du grand siècle qui lui restât : allée de tilleuls, aux longs filets rouges, comme du fil de fer sortant du feu. Il marchait à petits pas, les mains dans son manchon, et toutes les cinq minutes le fauteuil roulé par les valets, s'approchait pour lui offrir le repos après l'exercice.

Il savourait ce repos et clignotait au grand soleil, lorsque de la maison un portier accourut en criant :

— Monsieur le chevalier.

— Mon fils ! dit le vieillard avec une joie orgueilleuse.

Puis, se retournant, et apercevant Philippe qui suivait le portier :

— Mon cher chevalier, dit-il.

Et du geste, il congédia le laquais.

— Viens Philippe, viens, continua le baron, tu arrives à propos, j'ai l'esprit plein de joyeuses idées. Eh ! quelle mine tu fais... Tu boudes.

— Moi, Monsieur, non.

— Tu sais déjà le résultat de l'affaire.

— De quelle affaire ?

Le vieillard se retourna, comme pour voir si on l'écoutait.

— Vous pouvez parler, Monsieur, nul n'écoute, dit le chevalier.

— Je te parle de l'affaire du bal.

— Je comprends encore moins.

— Du bal de l'Opéra.

— Philippe rougit, le malin vieillard s'en aperçut.

— Imprudent, dit-il, tu fais comme les mauvais marins, dès qu'ils ont le vent favorable, ils enflent toutes les voiles. Allons, assieds-toi là, sur ce banc, et écoute ma morale, j'ai du bon.

— Monsieur, enfin...

— Enfin, il y a que tu abuses, que tu tranches, et que toi, si timide autrefois, si délicat, si réservé, eh bien! à présent, tu la compromets.

Philippe se leva.

— De qui voulez-vous parler, Monsieur?

— D'elle pardieu ! d'elle.

— Qui, elle?

— Ah ! tu crois que j'ignore ton escapade, votre escapade à tous deux au bal de l'Opéra, c'est joli.

— Monsieur, je vous proteste...

— Allons, ne te fâche pas, ce que je t'en dis c'est pour ton bien, tu n'as aucune précaution, tu seras pris, que diable ! On t'a vu cette fois avec elle au bal, on te verra une autre fois autre part.

— On m'a vu ?

— Pardieu ! avais-tu, oui ou non, un domino bleu ?

Taverney allait s'écrier qu'il n'avait pas de domino bleu, et que l'on se trompait ; qu'il n'avait point été au bal, qu'il ne savait pas de quel bal son père lui voulait parler ; mais il répugne à certains cœurs de se défendre en des circonstances délicates ; ceux-là seuls se défendent énergiquement, qui savent qu'on les aime et qu'en se défendant, ils rendent service à l'ami qui les accusait.

— Mais à quoi bon, pensa Philippe, donner des explications à mon père, d'ailleurs je veux tout savoir?

Il baissa la tête comme un coupable qui avoue.

— Tu vois bien, reprit le vieillard triomphant, tu as été reconnu, j'en étais sûr. En effet, M. de Richelieu, qui t'aime beaucoup, et qui était à ce bal malgré ses quatre-vingt-quatre ans, M. de Richelieu a cherché qui pouvait être le domino bleu à qui la reine donnait le bras, et il n'a trouvé que toi à soupçonner; car il a vu tous les autres et tu sais s'il s'y connaît, M. le maréchal.

— Que l'on m'ait soupçonné, dit froidement Philippe, je le conçois; mais qu'on ait reconnu la reine, voilà qui est plus extraordinaire.

— Avec cela que c'était difficile de la reconnaître, puisqu'elle s'est démasquée. Oh! cela, vois-tu, dépasse toute imagination. Une audace pareille! Il faut que cette femme-là soit folle de toi.

Philippe rougit. Aller plus loin, en

soutenant la conversation, lui était devenu impossible.

— Si ce n'est pas de l'audace, continua Taverney, ce ne peut être que du hasard très fâcheux. Prends-y garde, chevalier, il y a des jaloux, et des jaloux à craindre. C'est un poste envié que celui de favori d'une reine, quand la reine est le vrai roi.

Et Taverney le père huma longuement une prise de tabac.

— Tu me pardonneras ma morale, n'est-ce pas, chevalier? Pardonne-la-moi, mon cher. Je t'ai de la reconnaissance, et je voudrais empêcher que le souffle du hasard, puisque hasard il y a, ne vînt démolir l'échafaudage que tu as si habilement élevé.

Philippe se leva en sueur, les poings crispés. Il s'apprêtait à partir pour rompre le discours, avec la joie que l'on met à rompre les vertèbres d'un serpent; mais un sentiment l'arrêta, un sentiment de curiosité douloureuse, un de ces désirs furieux de savoir le mal, aiguillon impitoyable qui laboure les cœurs pleins d'amour.

— Je te disais donc qu'on nous porte envie, reprit le vieillard; c'est tout simple. Cependant, nous n'avons pas atteint encore le faîte où tu nous fais monter. A toi la gloire d'avoir fait jaillir le nom de Taverney au-dessus de leur humble source. Seulement, sois prudent, sinon nous n'arriverons pas, et tes desseins avorteront en route. Ce serait dommage, en vérité, nous allons bien.

Philippe se retourna pour cacher le dégoût profond, le mépris sanglant qui donnaient à ses traits, en ce moment, une expression dont le vieillard se fût étonné, effrayé peut-être.

— Dans quelque temps, tu demanderas une grande charge, dit le vieillard qui s'animait. Tu me feras donner une lieutenance de roi quelque part, pas trop loin de Paris ; tu feras ensuite ériger en pairie, Taverney-Maison-Rouge ; tu me feras comprendre dans la première promotion de l'ordre. Tu pourras être duc, pair et lieutenant-général. Dans deux ans, je vivrai encore ; tu me feras donner...

— Assez ! assez ! gronda Philippe.

— Oh ! si tu te tiens pour satisfait, je ne le suis pas. Tu as tout une vie, toi ; moi, j'ai à peine quelques mois. Il faut que ces mois me paient le passé triste et médiocre. Du reste, je n'ai pas à me plaindre. Dieu m'avait donné deux enfants. C'est beaucoup pour un homme sans fortune; mais si ma fille est restée inutile à notre maison, toi tu répares. — Tu es l'architecte du temple. — Je vois en toi le grand Taverney, le héros. — Tu m'inspires du respect, et c'est quelque chose, vois-tu. — Il est vrai que ta conduite avec la cour est admirable. — Oh! je n'ai rien vu encore de plus adroit.

— Quoi donc? fit le jeune homme inquiet de se voir approuvé par ce serpent.

— Ta ligne de conduite est superbe. Tu ne montres pas de jalousie. Tu laisses le champ libre à tout le monde en apparence, et tu maintiens en réalité. C'est fort; mais c'est de l'observation.

— Je ne comprends pas, dit Philippe de plus en plus piqué.

— Pas de modestie, vois-tu, c'est mot pour mot la conduite de M. Potemkin, qui a étonné tout le monde par sa fortune. Il a vu que Catherine aimait la vanité dans ses amours; que si on la laissait libre, elle voltigerait de fleur en fleur, revenant à la plus féconde et à la plus belle; que si on la poursuivait, elle s'envolerait hors de toute portée. Il a pris son parti. C'est lui qui a rendu plus agréable à l'impératrice les favoris nouveaux qu'elle distinguait ; c'est lui qui, en les faisant valoir par un côté, réservait habilement leur côté vulnérable ; c'est lui qui fatiguait la souveraine avec les caprices de passage, au lieu de la blaser sur ses propres agréments à lui Potemkin. En préparant le règne éphémère de ces favoris qu'on nomme ironiquement les 12 Césars, Potemkin rendait son règne à lui, éternel, indestructible.

— Mais voilà des infamies incompréhensibles, murmurait le pauvre Philippe, en regardant son père avec stupéfaction.

Le vieillard continua imperturbablement.

— Selon le système de Potemkin, tu aurais pourtant un léger tort. Il n'abandonnait pas trop la surveillance, et toi tu te relâches. Je sais bien que la politique française n'est pas la politique russe.

A ces mots prononcés avec une affectation de finesse qui eût détraqué les plus rudes têtes diplomatiques, Philippe, qui crut son père en délire, ne répondit que par un haussement d'épaules peu respectueux.

— Oui, oui, interrompit le vieillard, tu crois que je ne t'ai pas deviné? tu vas voir.

— Voyons, Monsieur.

Taverney se croisa les bras.

— Me diras-tu, fit-il, que tu n'élèves pas ton successeur à la brochette?

— Mon successeur? dit Philippe en pâlissant.

— Me diras-tu que tu ne sais pas tout ce qu'il y a de fixité dans les idées amoureuses de la reine, alors qu'elle est possédée, et que, dans la prévision d'un changement de sa part, tu ne veux pas être complètement sacrifié, évincé, ce qui arrive toujours avec la reine, car elle ne peut aimer le présent et souffrir le passé.

— Vous parlez hébreu, monsieur le baron.

Le vieillard se mit à rire encore de ce rire strident et funèbre qui faisait tressaillir Philippe, comme l'appel d'un mauvais génie.

— Tu me feras accroire que ta tactique n'est pas de ménager M. de Charny ?

— Charny ?

— Oui, ton futur successeur. L'homme qui peut, quand il règnera, te faire exiler, comme tu peux faire exiler MM. de Coigny, de Vaudreuil et autres.

Le sang monta violemment aux tempes de Philippe.

— Assez, cria-t-il encore une fois; assez, Monsieur; je me fais honte, en vérité, d'avoir écouté si longtemps! Celui qui dit que la reine de France est une Messaline, celui-là, Monsieur, est un criminel calomniateur.

— Bien! très bien! s'écria le vieillard, tu as raison, c'est ton rôle; mais je t'assure que personne ne peut nous entendre.

— Oh!

— Et quant à Charny, tu vois que je

t'ai pénétré. Tout habile que soit ton plan, deviner, vois-tu, c'est dans le sang des Taverney. Continue Philippe, continue. Flatte, adoucis, console le Charny, aide-le à passer doucement et sans aigreur de l'état d'herbe à l'état de fleur, et sois assuré que c'est un gentilhomme qui, plus tard, dans sa faveur, te revaudra ce que tu auras fait pour lui.

Et, après ces mots, M. de Taverney, tout fier de son exhibition de perspicacité, fit un petit bond capricieux qui rappelait le jeune homme, et le jeune homme insolent de prospérité.

Philippe le saisit par la manche et l'arrêta furieux.

— C'est comme cela, dit-il, eh bien! monsieur, votre logique est admirable.

— J'ai deviné, n'est-ce pas, et tu m'en veux? Bah! tu me pardonneras en faveur de l'attention. J'aime Charny, d'ailleurs, et suis bien aise que tu en agisses de la sorte avec lui.

— Votre M. de Charny, à cette heure, est si bien mon favori, mon mignon, mon oiseau élevé à la brochette, qu'en effet je lui ai passé tout-à-l'heure un pied de cette lame à travers les côtes.

Et Philippe montra son épée à son père.

— Hein! fit Taverney effarouché à la vue de ces yeux flamboyants, à la nouvelle de cette belliqueuse sortie ; ne dis-tu pas que tu t'es battu avec M. de Charny?

— Et que je l'ai embroché! Oui.

— Grand Dieu!

— Voilà ma façon de soigner, d'adoucir et de ménager mes successeurs, ajouta Philippe; maintenant que vous la connaissez, appliquez votre théorie à ma pratique.

Et il fit un mouvement désespéré pour s'enfuir.

Le vieillard se cramponna à son bras.

— Philippe! Philippe! dis-moi que tu plaisantais.

— Appelez cela une plaisanterie si vous voulez, mais c'est fait.

Le vieillard leva les yeux au ciel, marmotta quelques mots sans suite, et, quittant son fils, courut jusqu'à son antichambre.

— Vite! vite! cria-t-il, un homme à cheval, qu'on coure s'informer de M. de Charny qui a été blessé ; qu'on prenne de ses nouvelles, et qu'on n'oublie pas de lui dire qu'on vient de ma part!

— Ce traître Philippe, fit-il en rentrant, n'est-il pas le frère de sa sœur! Et moi qui le croyais corrigé! Oh! il n'y avait qu'une tête dans ma famille... la mienne.

VIII

Le quatrain de M. de Provence.

Tandis que tous ces évènements se passaient à Paris et à Versailles, le roi, tranquille comme à son ordinaire, depuis qu'il savait ses flottes victorieuses et l'hiver vaincu, se proposait dans son cabinet au milieu des cartes et des mappemondes, des petits plans mécaniques, et songeait à tracer de nouveaux sillons sur les mers aux vaisseaux de La Peyrouse.

Un coup légèrement frappé à la porte le tira de ses rêveries toutes échauffées par un bon goûter qu'il venait de prendre.

En ce moment, une voix se fit entendre.

— Puis-je pénétrer, mon frère? dit-elle.

— M. le comte de Provence, le mal venu, grommela le roi en poussant un livre d'astronomie ouvert aux plus grandes figures.

— Entrez, dit-il.

Un personnage gros, court et rouge, à l'œil vif, entra d'un pas trop respectueux pour un frère, trop familier pour un sujet.

— Vous ne m'attendiez pas, mon frère, dit-il.

— Non, ma foi.

— Je vous dérange?

— Non, mais auriez-vous quelque chose à me dire d'intéressant?

—Un bruit si drôle, si grotesque...

— Ah! ah! une médisance.

— Ma foi, oui, mon frère.

— Qui vous a diverti?

— Oh! à cause de l'étrangeté.

— Quelque méchanceté contre moi.

— Dieu m'est témoin que je ne rirais pas, s'il en était ainsi.

— C'est contre la reine, alors.

— Sire, figurez-vous qu'on m'a dit sérieusement, mais là, très sérieusement... je vous le donne en cent, je vous le donne en mille...

— Mon frère, depuis que mon précepteur m'a fait admirer cette précaution oratoire, comme modèle du genre, dans madame de Sévigné, je ne l'admire plus... Au fait.

— Eh bien! mon frère, dit le comte de Provence un peu refroidi par cet accueil brutal, on dit que la reine a découché l'autre jour, ah! ah! ah!

Et il s'efforça de rire.

— Ce serait bien triste si cela était vrai, dit le roi avec gravité.

— Mais cela n'est pas vrai, n'est-ce pas, mon frère?

— Non.

— Il n'est pas vrai, non plus, que l'on ait vu la reine attendre à la porte des Réservoirs?

— Non.

— Le jour, vous savez, où vous ordonnâtes de fermer la porte à onze heures.

— Je ne sais pas.

— Eh bien! figurez-vous, mon frère que le bruit prétend...

— Qu'est-ce que cela, le bruit? Où est-ce? Qui est-ce?

— Voilà un trait profond, mon frère,

très profond. En effet, qui est le bruit ?
Eh bien! cet être insaisissable, incompréhensible, qu'on appelle le bruit, prétend qu'on avait vu la reine avec M. le comte d'Artois, bras dessus bras dessous, à minuit et demi ce jour-là.

— Où?

— Allant à une maison que M. d'Artois possède, là, derrière les écuries. Est-ce que Votre Majesté n'a pas ouï parler de cette énormité?

— Si fait, bien, mon frère; j'en ai entendu parler, il le faut bien.

— Comment Sire ?

— Oui, est-ce que vous n'avez pas fait quelque chose pour que j'en entende parler?

— Moi?

— Vous.

— Quoi donc, Sire, qu'ai-je fait?

— Un quatrain, par exemple, qui a été imprimé dans le *Mercure*.

—Un quatrain! fit le comte plus rouge qu'à son entrée.

— On vous fait favori des muses.

— Pas au point de...

— De faire un quatrain qui finit pas ce vers.

> Hélène n'en dit rien au bon roi Ménélas.

— Moi, Sire !...

— Ne niez pas, voici l'autographe du quatrain; votre écriture.... hein ! Je me connais mal en poésie, mais en écriture, oh ! comme un expert...

— Sire, une folie en amène une autre.

— Monsieur de Provence, je vous assure qu'il n'y a eu folie que de votre part, et je m'étonne qu'un philosophe ait commis cette folie; gardons cette qualification à votre quatrain.

— Sire, Votre Majesté est dure pour moi.

— La peine du talion, mon frère. Au lieu de faire votre quatrain, vous auriez pu vous informer de ce qu'avait fait la reine; je l'ai fait, moi; et au lieu du quatrain contre elle, contre moi par conséquent, vous eussiez écrit quelque madrigal pour votre belle-sœur. Après cela, direz-vous, ce n'est pas un sujet qui inspire; mais j'aime mieux une mauvaise épître qu'une bonne satire. Horace disait cela aussi, Horace, votre poète.

— Sire, vous m'accablez.

— N'eussiez-vous pas été sûr de l'innocence de la reine, comme je le suis, répéta le roi avec fermeté, vous eussiez bien fait de relire votre Horace. N'est-ce pas lui qui a dit ces belles paroles? pardon, j'écorche le latin :

Rectius hoc est :
Hoc faciens vivam melius, sic dulcis amicis Occurram.

« Cela est mieux ; si je le fais, je serai plus honnête ; si je le fais, je serai bon pour mes amis. »

Vous traduiriez plus élégamment, vous, mon frère ; mais je crois que c'est là le sens.

Et le bon roi, après cette leçon donnée en père, plutôt qu'en frère, attendit que le coupable commençât une justification.

Le comte médita quelque temps sa réponse, moins comme un homme embarrassé que comme un orateur en quête de délicatesses.

—Sire, dit-il, tout sévère que soit l'arrêt de Votre Majesté, j'ai un moyen d'excuse et un espoir de pardon.

— Dites, mon frère.

— Vous m'accusez de m'être trompé, n'est-ce pas; et non d'avoir eu mauvaise intention?

— D'accord.

— S'il en est ainsi, Votre Majesté, qui sait que n'est pas homme celui qui ne se trompe pas, Votre Majesté admettra bien que je ne me sois pas trompé pour quelque chose.

— Je n'accuserai jamais votre esprit, qui est grand et supérieur, mon frère.

— Eh bien ! Sire, comment ne me serais-je pas trompé à entendre tout ce qui se débite. Nous autres, princes, nous vivons dans l'air de la calomnie, nous en sommes imprégnés. Je ne dis pas que j'ai cru, je dis que l'on m'a dit.

— A la bonne heure! puisqu'il en est ainsi; mais...

— Le quatrain? Oh! les poètes sont des êtres bizarres; et puis, ne vaut-il pas mieux répondre par une douce critique qui peut être un avertissement que par un sourcil froncé? Des attitudes menaçantes mises en vers n'offensent pas, Sire; ce n'est pas comme les pamphlets, au sujet desquels on est fort à demander coërcition à Votre Majesté; des pamphlets comme celui que je viens vous montrer moi-même.

— Un pamphlet!

— Oui, Sire; il me faut absolument

un ordre d'embastillement contre le misérable auteur de cette turpitude.

Le roi se leva brusquement.

— Voyons ! dit-il.

— Je ne sais si je dois, Sire...

— Certainement, vous devez ; il n'y a rien à ménager dans cette circonstance. Avez-vous ce pamphlet ?

— Oui, Sire.

— Donnez.

Et le comte de Provence tira de sa poche un exemplaire de l'histoire d'Etteniotna, épreuve fatale que le bâton de Charny, que l'épée de Philippe, que le brasier de Cagliostro avaient laissé passer dans la circulation.

Le roi jeta les yeux avec la rapidité d'un homme habitué à lire les passages intéressants d'un livre ou d'une gazette.

— Infamie! dit-il, infamie!

— Vous voyez, Sire, qu'on prétend que ma sœur a été au baquet de Mesmer.

— Eh bien! oui, elle y a été!

— Elle y a été! s'écria le comte de Provence.

— Autorisée par moi.

— Oh! Sire.

— Et ce n'est pas de sa présence chez Mesmer que je tire induction contre sa sagesse, puisque j'avais permis qu'elle allât place Vendôme.

— Votre Majesté n'avait pas permis que la reine s'approchât du baquet pour expérimenter par elle-même...

Le roi frappa du pied. Le comte venait de prononcer ces paroles précisément au moment où les yeux de Louis XVI parcouraient le passage le plus insultant pour Marie-Antoinette, l'histoire de sa prétendue crise, de ses contorsions, de son voluptueux désordre, de tout ce qui, enfin, avait signalé chez Mesmer le passage de mademoiselle Oliva.

— Impossible, impossible, dit le roi devenu pâle. Oh! la police doit savoir à quoi s'en tenir là-dessus!

Il sonna.

— M. de Crosne, dit-il, qu'on m'aille chercher M. de Crosne.

— Sire, c'est aujourd'hui jour de rapport hebdomadaire, et M. de Crosne attend dans l'Œil-de-Bœuf.

— Qu'il entre.

— Permettez-moi, mon frère, dit le comte de Provence d'un ton hypocrite.

Et il fit mine de sortir.

—Restez, lui dit Louis XVI. Si la reine est coupable, eh bien! *Monsieur*, vous êtes de la famille, vous pouvez le savoir; si elle est innocente, vous devez le savoir aussi, vous qui l'avez soupçonnée.

M. de Crosne entra.

Ce magistrat, voyant M. de Provence avec le roi, commença par présenter ses respectueux hommages aux deux plus grands du royaume; puis, s'adressant au roi :

— Le rapport est prêt, Sire, dit-il.

— Avant tout, Monsieur, fit Louis XVI, expliquez-nous comment il s'est publié à Paris un pamphlet aussi indigne contre la reine.

— Etteniotna? dit M. de Crosne.

— Oui.

— Eh bien, Sire, c'est un gazetier nommé Reteau.

— Oui. Vous savez son nom, et vous ne l'avez, ou empêché de publier ou arrêté après la publication !

— Sire, rien n'était plus facile que de l'arrêter; je vais même montrer à Votre Majesté l'ordre d'écrou tout préparé dans mon portefeuille.

— Alors, pourquoi l'arrestation n'est-elle pas opérée ?

M. de Crosne se tourna du côté de M. de Provence.

— Je prends congé de Votre Majesté, dit celui-ci plus lentement.

— Non, non, répliqua le roi; je vous ai dit de rester; eh bien, restez !

Le comte s'inclina.

— Parlez, Monsieur de Crosne; parlez ouvertement, sans réserve; parlez vite et net.

— Eh bien! voici, répliqua le lieutenant de police, je n'ai pas fait arrêter le gazetier Reteau, parce qu'il fallait de toute nécessité que j'eusse, avant cette démarche, une explication avec Votre Majesté.

— Je la sollicite.

— Peut-être, Sire, vaut-il mieux donner à ce gazetier un sac d'argent et l'envoyer se faire pendre ailleurs, très loin.

— Pourquoi?

— Parce que, Sire, quand ces misérables disent un mensonge, le public à qui on le prouve est fort aise de les voir fouetter, essoriller, pendre même. Mais quand, par malheur, ils mettent la main sur une vérité...

— Une vérité?

M. de Crosne s'inclina.

— Oui. Je sais. La reine a été en effet au baquet de Mesmer. Elle y a été, c'est un malheur, comme vous dites; mais je le lui avais permis.

— Oh! Sire, murmura M. de Crosne.

Cette exclamation du sujet respectueux frappa le roi encore plus qu'elle n'avait fait sortant de la bouche du parent jaloux.

— La reine n'est pas perdue pour cela, dit-il, je suppose.

— Non, Sire, mais compromise.

— Monsieur de Crosne, que vous a dit votre police, voyons ?

— Sire, beaucoup de choses qui, sauf le respect que je dois à Votre Majesté, sauf l'adoration toute respectueuse que je professe pour la reine, sont d'accord avec quelques allégations du pamphlet.

— D'accord, dites-vous ?

—Voici comment : une reine de France qui va dans un costume de femme ordinaire, au milieu de ce monde équivoque, attiré par ces bizarreries magnétiques de Mesmer, et qui va seule...

— Seule ! s'écria le roi.

— Oui, Sire.

—Vous vous trompez, monsieur de Crosne.

— Je ne crois pas, Sire.

— Vous avez de mauvais rapports.

— Tellement exacts, Sire, que je puis vous donner le détail de la toilette de Sa

Majesté, l'ensemble de sa personne, ses pas, ses gestes, ses cris.

— Ses cris !

Le roi pâlit et froissa la brochure.

— Ses soupirs mêmes ont été notés par mes agents, ajouta timidement M. de Crosne.

— Ses soupirs ! La reine se serait oubliée à ce point!... La reine aurait fait si bon marché de mon honneur de roi, de son honneur de femme !

— C'est impossible, dit le comte de Provence; ce serait plus qu'un scandale, et Sa Majesté est incapable...

Cette phrase était un surcroît d'accusation plutôt qu'une excuse. Le roi le sentit; tout en lui se révoltait.

— Monsieur, dit-il au lieutenant de police, vous maintenez ce que vous avez dit?

— Hélas! jusqu'au dernier mot, Sire.

— Je vous dois à vous, mon frère, dit Louis XVI en passant son mouchoir sur son front mouillé de sueur, je vous dois une preuve de ce que j'ai avancé. L'honneur de la reine est celui de toute ma maison. Je ne le risque jamais. J'ai permis à la reine d'aller au baquet de Mesmer; mais je lui avais enjoint de mener avec elle une personne sûre, irréprochable, sainte même.

— Ah! dit M. de Crosne, s'il en eût été ainsi...

— Oui, dit le comte de Provence, si une femme comme madame de Lamballe, par exemple...

— Précisément, mon frère, c'est madame la princesse de Lamballe que j'avais désignée à la reine.

— Malheureusement, Sire, la princesse n'a pas été emmenée.

— Eh bien! ajouta le roi frémissant :

Si la désobéissance a été telle, je dois sévir et je sévirai.

Un énorme soupir lui ferma les lèvres après lui avoir déchiré le cœur.

— Seulement, dit-il plus bas, un doute me reste : ce doute, vous ne le partagez pas, c'est naturel; vous n'êtes pas le roi, l'époux, l'ami de celle qu'on accuse....... Ce doute, je veux l'éclaircir.

Il sonna ; l'officier de service parut.

— Qu'on voie, dit le roi, si madame la princesse de Lamballe n'est pas chez la reine, ou dans son appartement à elle-même.

— Sire, madame de Lamballe se promène dans le petit jardin avec Sa Majesté et une autre dame.

—Priez madame la princesse de monter ici sur-le-champ.

L'officier partit.

— Maintenant, Messieurs, encore dix minutes; je ne saurais prendre un parti jusque là.

Et Louis XVI, contre son habitude, fronça le sourcil et lança, sur les deux témoins de sa profonde douleur, un regard presque menaçant.

Les deux témoins gardèrent le silence.

M. de Crosne avait une tristesse réelle, M. de Provence avait une affectation de tristesse qui se fût communiquée au dieu Momus en personne.

Un léger bruit de soie derrière les portes avertit le roi que la princesse de Lamballe approchait.

IX

La princesse de Lamballe.

La princesse de Lamballe entra, belle et calme, le front découvert, les boucles éparses de sa haute coiffure rejetées fièrement hors des tempes, ses sourcils noirs et fins, comme deux traits de sépia, son œil bleu, limpide, dilaté, plein de nacre, son nez droit et pur, ses lèvres chastes et voluptueuses à la fois : toute cette beauté sur un corps d'une beauté sans rivale, charmait et imposait.

La princesse apportait avec elle, autour d'elle, ce parfum de vertu, de grâce, d'immatérialité, que La Vallière répandit avant sa faveur, et depuis sa disgrâce.

Quand le roi la vit venir, souriante et modeste, il se sentit pénétré de douleur.

— Hélas! pensa-t-il, ce qui sortira de cette bouche, sera une condamnation sans appel.

— Asseyez-vous, dit-il, princesse, en la saluant profondément.

M. de Provence s'approcha pour lui baiser la main.

Le roi se recueillit.

— Que souhaite de moi Votre Majesté, dit la princesse, avec la voix d'un ange ?

— Un renseignement, Madame, un renseignement précis, ma cousine.

— J'attends, Sire ?

— Quel jour êtes-vous allée, en compagnie de la reine, à Paris ? Cherchez bien.

M. de Crosne et le comte de Provence se regardèrent surpris.

— Vous comprenez, Messieurs, dit le roi, vous ne doutez pas, vous, je doute encore, moi; par conséquent j'interroge, comme un homme qui doute.

— Mercredi, Sire, répliqua la princesse.

— Vous me pardonnez, continua Louis XVI; mais, ma cousine, je désire savoir la vérité.

— Vous la connaîtrez en questionnant, Sire, dit simplement madame de Lamballe.

— Qu'allâtes-vous faire à Paris, ma cousine?

— J'allai chez M. Mesmer, place Vendôme, Sire.

Les deux témoins tressaillirent, le roi rougit d'émotion.

— Seule, dit-il?

— Non, Sire, avec Sa Majesté la reine.

— Avec la reine? vous dites avec la reine, s'écria Louis XVI, en lui prenant la main avidement.

— Oui, Sire.

M. de Provence et M. de Crosne se rapprochèrent stupéfaits.

— Votre Majesté avait autorisé la reine, dit madame de Lamballe; du moins, Sa Majesté me l'a dit.

— Et Sa Majesté avait raison, ma cousine... Maintenant... il me semble que je respire, car madame de Lamballe ne ment jamais.

— Jamais, Sire, dit doucement la princesse.

— Oh! jamais, s'écria M. de Crosne avec la conviction la plus respectueuse. Mais alors, Sire, permettez-moi...

— Oh! oui, je vous permets, Monsieur de Crosne; questionnez, cherchez, je place ma chère princesse sur la sellette, je vous la livre.

Madame de Lamballe sourit.

— Je suis prête, dit-elle; mais, Sire, la torture est abolie.

— Oui, je l'ai abolie pour les autres, fit le roi avec un sourire, mais on ne l'a pas abolie pour moi.

— Madame, dit le lieutenant de police, ayez la bonté de dire au roi, ce que vous fîtes avec Sa Majesté, chez M. Mesmer, et d'abord comment Sa Majesté était-elle mise?

— Sa Majesté portait une robe de taffetas gris perle, une mante de mousseline brodée, un manchon d'hermine, un chapeau de velours rose, à grands rubans noirs.

C'était un signalement tout opposé à celui donné pour Oliva.

M. de Crosne manifesta une vive surprise, le comte de Provence se mordit les lèvres.

Le roi se frotta les mains.

— Et qu'a fait la reine en entrant, dit-il?

— Sire, vous avez raison de dire en entrant, car, à peine étions-nous entrées...

— Ensemble?

— Oui, Sire, ensemble; et à peine étions-nous entrées dans le premier salon, où nul n'avait pu nous remarquer, tant était grande l'attention donnée aux mystères magnétiques, qu'une femme s'approcha de Sa Majesté, lui offrit un masque, la suppliant de ne pas pousser plus avant.

— Et vous vous arrêtâtes? dit vivement le comte de Provence.

— Oui, Monsieur.

— Et vous n'avez pas franchi le seuil du premier salon? demanda M. de Crosne.

— Non, Monsieur.

— Et vous n'avez pas quitté le bras de la reine? fit le roi avec un reste d'anxiété.

— Pas une seconde; le bras de Sa Majesté n'a pas cessé de s'appuyer sur le mien.

— Eh bien! s'écria tout-à-coup le roi,

qu'en pensez-vous, monsieur de Crosne ? Mon frère, qu'en dites-vous ?

— C'est extraordinaire, c'est surnaturel, dit Monsieur en affectant une gaîté qui décelait mieux que n'eût fait le doute, tout son dépit de la contradiction.

— Il n'y a rien de surnaturel là-dedans, se hâta de répondre M. de Crosne, à qui la joie bien naturelle du roi donnait une sorte de remords ; ce que madame la princesse a dit ne peut être que la vérité.

— Il en résulte... dit M. de Provence.

— Il en résulte, monseigneur, que mes agents se sont trompés.

— Parlez-vous bien sérieusement? demanda le comte de Provence avec le même tressaillement nerveux.

— Tout à fait, monseigneur, mes agents se sont trompés; Sa Majesté a fait ce que vient de dire madame de Lamballe, et pas autre chose. Quant au gazetier, si je suis convaincu par les paroles éminemment vraies de madame la princesse, je crois que ce maraud doit l'être aussi : je vais envoyer l'ordre de l'écrouer sur-le-champ.

Madame de Lamballe tournait et retournait la tête, avec la placidité de l'innocence qui s'informe sans plus de curiosité que de crainte.

— Un moment, dit le roi, un moment, il sera toujours temps de faire pendre ce gazetier. Vous avez parlé d'une femme qui aurait arrêté la reine à l'entrée du salon : princesse, dites-nous quelle était cette femme.

— Sa Majesté paraît la connaître; Sire, je dirai même, toujours parce que je ne mens pas, que Sa Majesté la connaît, je le sais.

— C'est que, voyez-vous, cousine, il

faut que je parle à cette femme, c'est indispensable. Là est toute la vérité; là seulement est la clé du mystère.

— C'est mon avis, dit M. de Crosne, vers qui le roi s'était retourné.

— Commérage... murmura le comte de Provence. Voilà une femme qui me fait l'effet du dieu des dénoûments.

— Ma cousine, dit-il tout haut, la reine vous a avoué qu'elle connaissait cette femme?

— Sa Majesté ne m'a pas avoué, Monseigneur, elle m'a raconté.

— Oui, oui, pardon.

— Mon frère veut vous dire, interrompit le roi, que si la reine connaît cette femme, vous savez aussi son nom.

— C'est madame de La Mothe-Valois.

— Cette intrigante, s'écria le roi avec dépit.

— Cette mendiante! dit le comte. Diable! diable! elle sera difficile à interroger ; elle est fine.

— Nous serons aussi fins qu'elle, dit M. de Crosne. Et d'ailleurs, il n'y a pas de finesse, depuis la déclaration de madame de Lamballe. Ainsi, au premier mot du roi...

— Non, non, fit Louis XVI avec découragement, je suis las de voir cette mauvaise société autour de la reine. La reine est si bonne, que le prétexte de la misère lui amène tout ce qu'il y a de gens équivoques dans la noblesse infime du royaume.

Madame de La Mothe est réellement Valois, dit madame de Lamballe.

— Qu'elle soit ce qu'elle voudra, ma cousine, je ne veux pas qu'elle mette les pieds ici. J'aime mieux me priver de cette joie immense que m'eût faite l'entière absolution de la reine ; oui, j'aime mieux renoncer à cette joie, que de voir en face cette créature.

— Et pourtant vous la verrez, s'écria la reine, pâle de colère, en ouvrant la porte du cabinet, et en se montrant belle de noblesse et d'indignation, aux yeux éblouis du comte de Provence, qui salua gauchement derrière le battant de la porte, replié sur lui.

— Oui, Sire, continua la reine, il ne s'agit pas de dire : J'aime à voir ou je crains de voir cette créature ; cette créature est un témoin à qui l'intelligence de mes accusateurs...

Elle regarda son beau-frère.

— Et la franchise de mes juges...

Elle se tourna vers le roi et M. de Crosne.

— A qui enfin sa propre conscience, si dénaturée qu'elle soit, arracherait un cri de vérité. Moi, l'accusée, je demande qu'on entende cette femme, et on l'entendra.

— Madame, se hâta de dire le roi, vous entendez bien qu'on n'enverra pas chercher madame de La Mothe pour lui faire l'honneur de déposer pour ou contre vous. Je ne mets pas votre honneur dans une balance, en parallèle avec la véracité de cette femme.

— On n'enverra pas chercher madame de La Mothe, Sire, car elle est ici.

— Ici! s'écria le roi, en se retournant comme s'il eût marché sur un reptile, ici!

— Sire, j'avais, comme vous le savez, rendu visite à une femme malheureuse qui porte un nom illustre. Ce jour, vous savez, où l'on a dit tant de choses...

Et elle regarda fixement par-dessus l'épaule le comte de Provence, qui eût voulu être à cent pieds sous terre, mais dont le visage large et épanoui grimaçait une expression d'acquiescement.

— Eh bien ? fit Louis XVI.

— Eh bien! Sire, ce jour-là j'oubliai chez madame de La Mothe un portrait, une boîte. Elle me la rapporte aujourd'hui ; elle est là.

— Non, non... Eh bien! je suis convaincu, fit le roi ; j'aime mieux cela.

— Oh! moi, je ne suis pas satisfaite, dit la reine ; je vais l'introduire. D'ailleurs, pourquoi cette répugnance ; Qu'a-t-elle fait? qu'est-elle donc? Si je ne le sais pas, instruisez-moi. Voyons, monsieur de Crosne, vous qui savez tout, dites...

— Je ne sais rien qui soit défavorable à cette dame, répondit le magistrat.

— Bien vrai ?

— Assurément. Elle est pauvre, voilà tout ; un peu ambitieuse, peut-être.

— L'ambition, c'est la voix du sang. Si vous n'avez que cela contre elle, le roi peut bien l'admettre à donner témoignage.

— Je ne sais, répliqua Louis XVI, mais j'ai des pressentiments, moi, des instincts ; je sens que cette femme sera pour un malheur, pour un désagrément dans ma vie....., c'est bien assez.

— Oh! Sire, de la superstition! Cours la chercher, dit la reine à la princesse de Lamballe.

Cinq minutes après, Jeanne, toute modeste, toute honteuse, mais distinguée dans son attitude comme dans sa mise, pénétrait pas à pas dans le cabinet du roi.

Louis XVI, inexpugnable dans son antipathie, avait tourné le dos à la porte. Les deux coudes sur son bureau, la tête dans ses mains, il semblait être un étranger au milieu des assistants.

Le comte de Provence dardait sur

Jeanne des regards tellement gênants par leur inquisition, que si la modestie de Jeanne eût été réelle, cette femme eût été paralysée, pas un mot ne fût sorti de sa bouche.

Mais il fallait bien autre chose pour troubler la cervelle de Jeanne.

Ni roi, ni empereur avec leurs sceptres, ni pape avec sa tiare, ni puissances célestes, ni puissances des ténèbres n'eussent agi sur cet esprit de fer, avec la crainte ou la vénération.

— Madame, lui dit la reine, en la menant derrière le roi, veuillez dire, je vous prie, ce que vous avez fait le jour de ma visite chez M. Mesmer; veuillez le dire de point en point.

Jeanne se tut.

— Pas de réticences, pas de ménagements. Rien que la vérité, la forme de votre idée vous apparaissant en relief, telle qu'elle est dans votre mémoire.

Et la reine s'assit dans un fauteuil, pour ne pas influencer le témoin par son regard.

Quel rôle pour Jeanne! Pour elle, dont la perspicacité avait deviné que sa souveraine avait besoin d'elle, pour elle, qui sentait que Marie-Antoinette était soupçonnée à faux et qu'on pouvait la justifier sans s'écarter du vrai.

Tout autre eût cédé, ayant cette conviction, au plaisir d'innocenter la reine par l'exagération des preuves.

Jeanne était une nature si déliée, si fine, si forte, qu'elle se renferma dans la pure expression du fait.

— Sire, dit-elle, j'étais allée chez M. Mesmer par curiosité, comme tout Paris y va. Le spectacle m'a paru un peu grossier. Je m'en retournais, quand soudain, sur le seuil de la porte d'entrée, j'aperçus

Sa Majesté, que j'avais eu l'honneur de voir l'avant-veille sans la connaître, Sa Majesté dont la générosité m'avait révélé le rang. Quand je vis ses traits augustes, qui jamais ne s'effaceront de ma mémoire, il me sembla que la présence de Sa Majesté la reine était peut-être déplacée en cet endroit, où beaucoup de souffrances et de guérisons ridicules s'étalaient en spectacle. Je demande humblement pardon à Sa Majesté d'avoir osé penser si librement sur sa conduite, mais ce fut un éclair, un instinct de femme; j'en demande pardon à genoux, si j'ai outrepassé la ligne de respect que je dois aux moindres mouvements de Sa Majesté.

Elle s'arrêta là, feignant l'émotion, baissant la tête, arrivant presque, par un art inouï, à la suffocation qui précède les larmes.

M. de Crosne y fut pris. Madame de Lamballe se sentit entraînée vers le cœur de cette femme, qui paraissait être à la fois délicate, timide, spirituelle et bonne.

M. de Provence fut étourdi.

La reine remercia Jeanne par un regard, que le regard de celle-ci sollicitait ou plutôt guettait sournoisement.

— Eh bien! dit la reine, vous avez entendu, Sire?

Le roi ne se remua pas.

— Je n'avais pas besoin, dit-il, du témoignage de madame.

— On m'a dit de parler, objecta timidement Jeanne, et j'ai dû obéir.

— Assez! dit brutalement Louis XVI; quand la reine dit une chose, elle n'a pas besoin de témoins pour contrôler son dire. Quand la reine a mon approbation, elle n'a rien à chercher auprès de personne; et elle a mon approbation.

Il se leva en achevant ces mots, qui écrasèrent M. de Provence.

La reine ne se fit point faute d'y ajouter un sourire dédaigneux.

Le roi tourna le dos à son frère, vint baiser la main de Marie-Antoinette et de la princesse de Lamballe.

Il congédia cette dernière en lui demandant pardon de l'avoir dérangée *pour rien,* ajouta-t-il.

Il n'adressa ni un mot, ni un regard à madame de La Mothe ; mais, comme il était forcé de passer devant elle pour regagner son fauteuil, et qu'il craignait d'offenser la reine en manquant de politesse en sa présence, pour une femme qu'elle recevait, il se contraignit à faire à Jeanne un petit salut, auquel elle répondit sans précipitation par une profonde révérence, capable de faire valoir toute sa bonne grâce.

Madame de Lamballe sortit du cabinet la première, puis madame de la Mothe, que la reine poussait devant elle ; enfin la reine, qui échangea un dernier regard presque caressant avec le roi.

Et puis, on entendit dans le corridor, les trois voix de femmes qui s'éloignaient en chuchottant :

— Mon frère, dit alors Louis XVI au

comte de Provence, je ne vous retiens plus. J'ai le travail de la semaine à terminer avec M. le lieutenant de police. Je vous remercie d'avoir accordé votre attention à cette pleine, entière et éclatante justification de votre sœur. Il est aisé de voir que vous en êtes aussi réjoui que moi, et ce n'est pas peu dire. — A nous deux, monsieur de Crosne. Asseyez-vous là, je vous prie.

Le comte de Provence salua, toujours souriant, et sortit du cabinet, quand il n'entendit plus les dames, et qu'il se jugea hors de portée d'un malicieux regard ou d'un mot amer.

X

Chez la Reine.

La reine, sortie du cabinet de Louis XVI, sonda toute la profondeur du danger qu'elle avait couru.

Elle sut apprécier ce que Jeanne avait mis de délicatesse et de réserve dans sa déposition improvisée, comme aussi le tact vraiment remarquable avec lequel, après le succès, elle restait dans l'ombre.

En effet, Jeanne, qui venait, par un bonheur inouï, d'être initiée du premier coup à ces secrets d'intimité que les courtisans les plus habiles chassent dix ans sans les atteindre, et partant sûre désormais d'être pour beaucoup dans une journée importante de la reine, n'en prenait pas avantage par un de ces riens que la susceptibilité orgueilleuse des grands sait deviner sur le visage des inférieurs.

Aussi, la reine, au lieu d'accepter la proposition que lui fit Jeanne de lui présenter ses respects et de partir, la retint-elle par un sourire aimable en disant :

— Il est vraiment heureux, comtesse, que vous m'ayez empêchée d'entrer chez Mesmer avec la princesse de Lamballe, car, voyez la noirceur, on m'a vue, soit à la porte, soit à l'antichambre, et l'on a pris texte de là pour dire que j'avais été dans ce qu'ils appellent la salle aux crises, n'est-ce pas cela?

— La salle aux crises, oui, Madame.

— Mais, dit la princesse de Lamballe, comment se fait-il que, si les assistants ont su que la reine était là, les agents de

M. de Crosne s'y soient trompés? Là est le mystère, selon moi; les agens du lieutenant de police affirment en effet que la reine a été dans la salle aux crises.

— C'est vrai, dit la reine pensive.

— Et il n'y a nul intérêt de la part de M. de Crosne, qui est un honnête homme et qui m'aime; mais des agents peuvent avoir été soudoyés, chère Lamballe. J'ai des ennemis, vous le voyez.

— Il faut que ce bruit ait reposé sur quelque chose. Dites-nous donc le détail, madame la comtesse.

D'abord, l'infâme brochure me représente enivrée, fascinée, magnétisée de telle sorte que j'aurais perdu toute dignité de femme. Qu'y a-t-il de vraisemblable là-dedans. Y a-t-il eu, en effet, ce jour-là, une femme?...

Jeanne rougit. Le secret se présentait encore à elle, le secret, dont un seul mot pouvait détruire sa funeste influence sur la destinée de la reine.

— Ce secret, Jeanne, en le révélant, perdait l'occasion d'être utile, indispensable même à Sa Majesté. Cette situation ruinait son avenir; elle se tint réservée comme la première fois.

— Madame, dit-elle, il y avait, en effet, une femme très agitée qui s'est beaucoup affichée par ses contorsions et son délire. Mais il me semble...

— Il vous semble, dit vivement la reine, que cette femme était quelque femme de théâtre ou ce qu'on appelle une fille du monde, et non pas la reine de France, n'est-ce pas ?

— Certes, non, Madame.

— Comtesse, vous avez très bien répondu au roi; et maintenant, c'est à moi de parler pour vous. Voyons, où en êtes-vous de vos affaires? à quel moment comptez-vous faire reconnaître vos droits? Mais n'y a-t-il pas quelqu'un, princesse?...

Madame de Misery entra.

— Votre Majesté veut-elle recevoir mademoiselle de Taverney? demanda la femme de chambre.

— Elle! assurément. Oh! la cérémonieuse! jamais elle ne manquerait à l'étiquette. Andrée! Andrée! venez donc.

— Votre Majesté est trop bonne pour moi, dit celle-ci en saluant avec grâce.

Et elle aperçut Jeanne qui, reconnaissant la seconde dame allemande du bureau de secours, venait d'appeler à son aide une rougeur et une modestie de commande.

La princesse de Lamballe profita du renfort survenu à la reine pour retourner à Sceaux, chez le duc de Penthièvre.

Andrée prit place à côté de Marie-Antoinette, ses yeux calmes et scrutateurs fixés sur madame de La Mothe.

— Eh bien ! Andrée, dit la reine, voilà cette dame que nous allâmes voir le dernier jour de la gelée.

— J'ai reconnu Madame, répliqua Andrée en s'inclinant.

Jeanne, déjà orgueilleuse, se hâta de chercher sur les traits d'Andrée un symptôme de jalousie. — Elle ne vit rien, qu'une parfaite indifférence.

Andrée, avec les mêmes passions que la reine, Andrée, femme et supérieure à toutes les femmes en bonté, en esprit, en générosité, si elle eût été heureuse, Andrée se renfermait dans son impénétrable dissimulation que toute la cour prenait pour la fière pudeur de Diane virginale.

— Savez-vous, lui dit la reine, ce qu'on a dit sur moi au roi?

— On a dû dire tout ce qu'il y a de mauvais, répliqua Andrée, précisément parce qu'on ne saurait dire assez ce qu'il y a de bon.

— Voilà, dit Jeanne simplement, la plus belle phrase que j'aie entendue. Je la dis belle, parce qu'elle rend, sans en rien ôter, le sentiment qui est celui de toute ma vie, et que mon faible esprit n'aurait jamais su formuler ces paroles.

— Je vous conterai cela, Andrée.

— Oh! je le sais, dit celle-ci; M. le

comte de Provence l'a raconté tout à l'heure ; une amie à moi l'a entendu.

— C'est un heureux moyen, dit la reine avec colère, de propager le mensonge après avoir rendu hommage à la vérité. Laissons cela. J'en étais avec la comtesse à l'exposé de sa situation. Qui vous protège, comtesse ?

— Vous, Madame, dit hardiment Jeanne; vous qui me permettez de venir vous baiser la main.

— Elle a du cœur, dit Marie-Antoinette à Andrée, et j'aime ses élans.

Andrée ne répondit rien.

— Madame, continua Jeanne, peu de personnes m'ont osé protéger quand j'étais dans la gêne et dans l'obscurité; mais à présent qu'on m'aura vue une fois à Versailles, tout le monde va se disputer le droit d'être agréable à la reine, je veux dire à une personne que Sa Majesté a daigné honorer d'un regard.

— Eh quoi! dit la reine en s'asseyant, nul n'a été assez brave ou assez corrompu pour vous protéger pour vous-même?

— J'ai eu d'abord madame de Boulainvilliers, répondit Jeanne, une femme brave; puis M. de Boulainvilliers, un protecteur corrompu... Mais depuis mon mariage, personne, oh! personne! dit-elle avec une syncope des plus habiles. Oh! pardon, j'oubliais un galant homme, prince généreux...

— Un prince! comtesse, qui donc?

— M. le cardinal de Rohan.

La reine fit un mouvement brusque vers Jeanne.

— Mon ennemi! dit-elle en souriant.

— Ennemi de Votre Majesté! Lui! le cardinal! s'écria Jeanne. Oh! Madame.

— On dirait que cela vous étonne, comtesse, qu'une reine ait un ennemi.

Comme on voit que vous n'avez pas vécu à la cour!

— Mais, Madame, le cardinal est en adoration devant Votre Majesté, du moins je croyais le savoir; et, si je ne me suis pas trompée, son respect pour l'auguste épouse du roi égale son dévoûment.

— Oh! je vous crois, comtesse, reprit Marie-Antoinette en se livrant à sa gaîté habituelle, je vous crois en partie. Oui, c'est cela, le cardinal est en adoration.

Et elle se tourna, en disant ces mots, vers Andrée de Taverney, avec un franc éclat de rire.

— Eh bien ! comtesse, oui, M. le cardinal est en adoration. Voilà pourquoi il est mon ennemi.

Jeanne de La Mothe affecta la surprise d'une provinciale.

— Ah ! vous êtes la protégée de M. le prince archevêque Louis de Rohan, continua la reine. Contez-nous donc cela, comtesse.

— C'est bien simple, Madame. Son Excellence, par les procédés les plus magnanimes, les plus délicats, la générosité la plus ingénieuse, m'a secourue.

— Très bien. Le prince Louis est prodigue, on ne peut lui refuser cela. Est-ce que vous ne pensez pas, Andrée, que M. le cardinal pourra bien ressentir aussi quelque adoration pour cette jolie comtesse? Hein! comtesse, voyons, dites-nous?

Et Marie-Antoinette recommença ses joyeux éclats de rire francs et heureux, que mademoiselle de Taverney, toujours sérieuse, n'encourageait cependant pas.

— Il n'est pas possible que toute cette gaîté bruyante ne soit pas une gaîté factice, pensa Jeanne. Voyons.

— Madame, dit-elle d'un air grave et

avec un accent pénétré, j'ai l'honneur d'affirmer à Votre Majesté que M. de Rohan...

— C'est bien, c'est bien, fit la reine en interrompant la comtesse. Puisque vous êtes si zélée pour lui... puisque vous êtes son amie...

— Oh! Madame, fit Jeanne avec une délicieuse expression de pudeur et de respect.

— Bien, chère petite; bien, reprit la reine avec un doux sourire; mais demandez-lui donc un peu ce qu'il a fait des cheveux qu'il m'a fait voler par un certain coiffeur, à qui cette facétie a coûté cher, car je l'ai chassé.

— Votre Majesté me surprend, dit Jeanne. Quoi! M. de Rohan aurait fait cela?

— Eh! oui..... l'adoration, toujours l'adoration. Après m'avoir exécrée à Vienne, après avoir tout employé, tout essayé, pour rompre le mariage projeté entre le roi et moi; il s'est un jour aperçu que j'étais femme et que j'étais sa reine; qu'il avait, lui, grand diplomate, fait une école; qu'il aurait toujours maille à partir avec moi. Il a eu peur alors pour son avenir, ce cher prince. Il a fait comme tous les gens de sa profession, qui caressent le plus ceux dont ils ont le plus peur; et, comme il me savait jeune, comme il me croyait sotte et vaine, il a tourné au Céladon. Après les soupirs, les airs de langueur, il s'est jeté, comme vous dites, dans l'adoration. Il m'adore, n'est-ce pas, Andrée?

— Madame! fit celle-ci en s'inclinant.

— Oui... Andrée aussi ne veut pas se compromettre; mais moi, je me risque; il faut au moins que la royauté soit bonne à quelque chose. Comtesse, je sais, et vous savez que le cardinal m'adore? C'est chose convenue; dites-lui que je ne lui en veux pas.

Ces mots, qui contenaient une ironie amère, touchèrent profondément le cœur gangrené de Jeanne de La Mothe.

Si elle eût été noble, pure et loyale, elle n'y eût vu que ce suprême dédain de la femme au cœur sublime, que le mépris complet d'une âme supérieure pour les intrigues subalternes qui s'agitent au-dessous d'elle. Ce genre de femmes, ces anges si rares ne défendent jamais leur réputation contre les embûches qui leur sont dressées sur la terre.

Ils ne veulent pas même soupçonner cette fange à laquelle ils se souillent, cette glu dans laquelle ils laissent les plus brillantes plumes de leurs ailes dorées.

Jeanne, nature vulgaire et corrompue, vit un grand dépit chez la reine, dans la manifestation de cette colère contre la conduite de M. le cardinal de Rohan. Elle se souvint des rumeurs de la cour; rumeurs aux syllabes scandaleuses, qui avaient couru de l'œil-de-bœuf du château au fond des faubourgs de Paris, et qui avaient trouvé tant d'écho.

Le cardinal, aimant les femmes pour

leur sexe, avait dit à Louis XV, qui, lui aussi, aimait les femmes de cette façon, que la dauphine n'était qu'une femme incomplète. On sait les phrases singulières de Louis XV, au moment du mariage de son petit-fils, et ses questions à certain ambassadeur naïf.

Jeanne, femme complète s'il en fut, Jeanne, femme de la tête aux pieds, Jeanne, vaine d'un seul de ses cheveux qui la distinguaient, Jeanne, qui sentait le besoin de plaire et de vaincre par tous ses avantages, ne pouvait pas comprendre qu'une femme pensât autrement qu'elle sur ces matières délicates.

— Il y a dépit chez Sa Majesté, se dit-elle. Or, s'il y a dépit, il doit y avoir autre chose.

Alors, réfléchissant que le choc engendre la lumière, elle se mit à défendre M. de Rohan avec tout l'esprit et toute la curiosité dont la nature, en bonne mère, l'avait douée si largement.

La reine écoutait.

— Elle écoute, se dit Jeanne.

Et la comtesse, trompée par sa nature mauvaise, n'apercevait même point que la reine écoutait par générosité, -- parce qu'à la cour il est d'usage que jamais nul ne dise du bien de ceux dont le maître pense du mal.

Cette infraction toute nouvelle aux traditions, cette dérogation aux habitudes du château, rendaient la reine contente et presque heureuse.

Marie-Antoinette voyait un cœur, là où Dieu n'avait placé qu'une éponge aride et altérée.

FIN DU CINQUIÈME VOLUME.

TABLE.

Chap. I. MM. Bœhmer et Bossange.	1
II. A l'Ambassade.	23
III. Le Marché.	47
IV. La maison du gazetier.	75
V. Comment deux amis deviennent ennemis.	121
VI. La maison de la rue Saint-Gilles.	159
VII. La tête de la famille Taverney.	203
VIII. Le quatrain de M. de Provence.	231
IX. La duchesse de Lamballe.	265
X. Chez la Reine.	295

Ouvrages d'Alexandre Dumas.

EN VENTE.

LE COLLIER DE LA REINE,
6 volumes in-8.

LA RÉGENCE,
2 volumes in-8.
Cet Ouvrage n'a pas paru dans les Journaux.

LE VÉLOCE,
2 volumes in-8.
Cet Ouvrage n'a pas paru dans les Journaux.

LOUIS QUINZE,
4 volumes in-8.
Cet Ouvrage ne paraîtra pas dans les Journaux.

LA COMTESSE DE SALISBURY,
6 volumes in-8.

LES MILLE ET UN FANTOMES,
2 volumes in-8.

IMPRIMERIE DE E. DÉPÉE, A SCEAUX (SEINE.)

www.ingramcontent.com/pod-product-compliance
Lightning Source LLC
Chambersburg PA
CBHW060409170426
43199CB00013B/2067